H. Meyer, C. A. Böttiger

Über den Raub der Cassandra

Auf einem alten Gefässe von gebrannter Erde

H. Meyer, C. A. Böttiger

Über den Raub der Cassandra
Auf einem alten Gefässe von gebrannter Erde

ISBN/EAN: 9783743495203

Hergestellt in Europa, USA, Kanada, Australien, Japan

Cover: Foto ©Thomas Meinert / pixelio.de

Weitere Bücher finden Sie auf **www.hansebooks.com**

ÜBER

DEN RAUB DER CASSANDRA

AUF EINEM ALTEN GEFÄSSE

VON GEBRANNTER ERDE

ZWEY ABHANDLUNGEN

VON

H. MEYER UND C. A. BÖTTIGER

NEBST DREY KUPFERTAFELN.

WEIMAR
IM VERLAGE DES INDUSTRIE-COMTOIRS 1794.

DER

DURCHLAUCHTIGSTEN

HERZOGIN

ANNA AMALIA

VON SACHSEN-WEIMAR

DER PFLEGERIN ALLES SCHÖNEN

UND

BESITZERIN DIESER VASE

GEWIDMET

ÜBER
EIN ALTES GEFÄSS VON GEBRANNTER ERDE
AUF WELCHEM
DER RAUB DER CASSANDRA
VORGESTELLT IST.

EINE
ARTISTISCHE ABHANDLUNG
VON
H. MEYER.

Den Liebhabern und Verehrern des guten Geschmacks wird es vielleicht angenehm seyn, wenn ich ihnen hier ein merkwürdiges Denkmahl der alten Kunst bekannt mache. Da die kunstliebende Fürstin, welche dasselbe als einen Schatz und würdige Zierde ihrer Sammlung aufbewahrt, alle Bequemlichkeit zugestanden, die zu einer genauen und sorgfältigen Abbildung desselben erfoderlich war; so gehört ihr also der Dank, wenn das Eigenthümliche des alten Styls besser als bisher bey andern Werken dieser Art geschehen ist, hat anschaulich gemacht werden können.

Weitläufig und überflüssig würde es seyn, hier zu wiederholen, was von Andern schon hinlänglich untersucht und bewiesen worden ist, dafs nämlich nur einige wenige der alten Gefäfse aus gebrannter Erde wirklich Hetrurisch, die meisten aber Griechischen Ursprungs sind; dennoch mufs ich zu besserem Verstande dessen, was hernach folgen wird, kürzlich hinzufügen, dafs sich drey verschiedene Arten derselben finden, welche von einem auch nur etwas geübten Auge leicht unterschieden werden können.

Von der ersten Art (und die schönsten von Ansehen) sind diejenigen, welche man ausschliefsender Weise Nolanische Vasen nennt. Sie zeichnen sich durch Feinheit, Leichtigkeit und schöne Glasur vor allen andern aus, und es mufs wohl hauptsächlich diese gelten, wenn

Winkelmann sagt, [1] dafs die Glätte wie darüber geblasen sey. Denn einige derselben, aus einer sehr zarten und gereinigten Erde fast unglaublich dünn ausgedreht, sind wirklich spiegelglänzend.

Weil nun diese Art von Gefäfsen nirgends so häufig als in der Gegend um Nola gefunden wird, so mögen sie vermuthlich daher ihren Namen erhalten haben. Überdiefs machen es verschiedene Umstände wahrscheinlich, dafs sie einst in dieser Stadt verfertigt worden seyen.

Die von der zweyten Art sind weder so fein, noch so glänzend, auch von etwas matterem Schwarz, übertreffen aber die ersten oft an zierlicher Form und schöner Mahlerey. — Sie werden in dem ganzen untern Theile von Italien und in Sicilien gefunden, und es fehlt nicht an glaubwürdigen Zeugnissen, dafs mehrere dergleichen selbst aus Griechenland gebracht worden sind; dieses ist um so weniger zu bezweifeln, da wir wissen, dafs einige Griechische Städte vorzüglich deswegen berühmt gewesen, und die Vasen von Samos zu einem Sprichwort Anlafs gegeben haben, welches noch einigermafsen im Gebrauch ist. [2]

Die dritte Art unterscheidet sich von den beyden andern sehr durch ihre schwarzen oder dunkelbraunen, silhouettenartigen Figu-

---

[1] Kunstgeschichte 1. Th. Cap. 3. p. 123.

[2] Wenn der Gefäfse, welche mit mehrerley Farben bemahlt sind, nicht besonders gedacht ist, so sind sie darum nicht vergessen. Sie gehören eigentlich hieher, und vielleicht giebt es auch einige, die zu den Nolanischen gezählt werden müssen; da sie aber sämmtlich genommen keine eigene Classe auszumachen scheinen, so werden sie einstweilen nach ihren übrigen Kennzeichen unter den andern begriffen.

ren, deren Detail, als Augen, Ohren, Falten u. s. w. mit weifsen Linien angegeben ist; oft finden wir das Ganze nicht einmal glasirt, sondern die natürliche blafsgelbe Farbe des Thons muſs den Figuren als Grund dienen.

Die meisten dieser Gefäſse mögen Altgriechisch, einige aber auch wirklich Hetrurisch seyn. *) Alle aber verdienen mehr ihres hohen Alterthums, als der Kunst wegen Aufmerksamkeit; denn die Zeichnung auf denselben ist von einem steifen Charakter, und die Figuren sind mit wenig künstlichem Aufwand in eine Reihe hinter einander gestellt. Jedoch ist diese Regel auch nicht ganz ohne Ausnahme, indem sich mitunter Gruppen von gefälliger Simplizität und besserer Ausführung auf ihnen finden. Meines Erachtens sind diese für jünger zu halten, aus Zeiten, wo die Kunst sich schon

---

*) Zwischen Altgriechischen und Althetrurischen Werken ist ohne Zweifel ein sehr geringer Unterschied; denn wie man aus den besten Schriftstellern und den Monumenten selbst ersieht, so flieſst die älteste Kunst beyder Völker in eins zusammen. Überhaupt mögen die Althetrurischen Werke viel seltener seyn, als man sonst dafür gehalten hat; weil nunmehr gute Gründe vorhanden sind, kraft welcher man die meisten bisher für Hetrurisch ausgegebenen Statuen, Basreliefs und geschnittenen Steine für Altgriechisch hält. In spätern Zeiten aber hatten die Hetrurier einen eigenen Styl, welcher sich von dem Griechischen sehr wesentlich unterscheidet. Die Sammlungen der Akademie zu Cortona und andere enthalten vollständige Zeugnisse hierüber. Meine Leser werden mir die Kürze und Trockenheit dieser Anmerkung um so eher vergeben, weil es ohne genaue Abbildungen und eine weitläufige Schrift unmöglich seyn würde, ihnen ganz verständlich zu werden; diejenigen aber, welche gute Kenntnisse der neuern Kunst besitzen, können sich diesen Unterschied vorstellen, wenn sie sich ein Verhältniſs denken, ungefähr wie zwischen den Werken des Polidor, und denen des Rosso Fiorentino, oder wie einer aufserst verflochtenen Gruppe des Michel Angelo gegen eine von Raphael.

mehr gebildet und das Rohe und Kindische ihrer ersten Versuche abgelegt hatte. [4]

Nach diesen einleitenden Bemerkungen, welche zwar keinen unmittelbaren Bezug auf unser Gefäfs zu haben scheinen, aber dennoch um besserer Klarheit und Deutlichkeit willen voraus zu schikken waren, kann ich nun zur nähern Beschreibung desselben übergehen.

Man hat keine eigentliche Nachricht, wo, wie, und wenn dasselbe gefunden worden sey; das Zuverlässige, was ich davon sagen kann, besteht blofs darin, dafs der *Cav. Venuti* in Neapel solches vor nicht gar langer Zeit von jemand, der es einzeln besafs, für seine Sammlung von Alterthümern gekauft hatte, und aus dieser ist es nachher an die jetzige durchlauchtige Besitzerin gelangt.

Es gehört zu der oben angezeigten zweyten Art, ist, wie aus der Abbildung zu ersehen, glockenförmig, [5] und seine Verhältnisse sind auf dem Durchschnitte nach Französischem Mafse genau angegeben.

---

[4] Es wäre zu wünschen, dafs die Gefäfse der Grofsherzoglichen Sammlung zu Florenz, welche bey *Arezzo*, *Volterra* und andern umliegenden Ortschaften ausgegraben seyn sollen, wie *Fea* (Übers. der Kunstgesch. T. 1. p. 215. Not. A.) berichtet, von erfahrnen Kennern genau untersucht würden. Sie möchten vielleicht eine eigene bis jetzt noch wenig bekannte Gattung ausmachen, würden vermuthlich vieles zur nähern Kenntnifs des Hetrurischen Styls beytragen, und uns zugleich von der eigentlichen Beschaffenheit der bey den Alten so geschätzten Aretinischen Vasen unterrichten.

[5] Die Alten scheinen diese Form besonders lieb gehabt zu haben, da sie öfterer, als alle andere, vorkömmt.

Die Bedeutung des Hauptgemähldes auf demselben ist nicht so räthselhaft, als es sonst bey mehreren der Fall zu seyn pflegt; und da man ohne viele Schwierigkeit das Abenteuer Ajax des Lokriers mit der Cassandra darin erkennt; so wird es mir um so viel leichter werden, seine Vorzüge in Absicht auf die Kunst aus einander zu setzen.

Obschon diese Geschichte dem Heldenmuthe des Ajax eben nicht zu grofser Ehre gereicht, so haben demungeachtet die Alten reichen Stoff zu Kunstwerken daraus zu ziehen gewufst, und glücklicher Weise für uns sind verschiedene derselben dem allgemeinen Verderben entgangen. Winkelmann gedenkt einiger in den *Monumenti Inediti*, und giebt bey dieser Gelegenheit besonders ausführliche Nachricht von einem schönen erhobenen Werk in den Kellern der *Villa Borghese*, und wer sich die Mühe nehmen will, unsere Vase mit jener Stelle bey Winkelmann zu vergleichen, der wird zwischen beyden Denkmahlen eine fast vollkommene Ähnlichkeit bemerken.

Von dieser Ähnlichkeit kann ich als Augenzeuge einige Nachricht geben, indem es mir gelungen ist, in gedachten Kellern mich umzusehen, und ob ich gleich nicht behaupten kann, eine genaue vergleichende Untersuchung angestellt zu haben, weil mir unsre Vase damals noch unbekannt war: so ist meine Erinnerung doch noch lebhaft genug, um zu wissen, dafs die Vorstellung auf dieser mit jener des Basreliefs, wenigstens in den Hauptsachen überein kömmt, so dafs man nicht ohne alle Wahrscheinlichkeit die Zeichnung auf der Vase für die Skizze oder den ersten Entwurf zum

Basrelief halten möchte. Sollte diese Vermuthung aber zu gewagt scheinen, so will ich mich bis aufs weitere bescheiden, und zugeben: dafs beyde Monumente (so schön und vortrefflich sie übrigens auch sind) doch vielleicht nur Nachahmungen eines noch besseren Urbildes seyn können. [6]

Was die Zeichnung unserer Vase betrifft, so mufs ich, selbst zur Ehre der alten Kunst, eingestehen, dafs dieselbe in Absicht auf Sorgfalt und Fleifs mancher andern den Vorzug überlassen mufs. Man nimmt zwar die Hand eines sehr gelehrten und geübten Künstlers daran wahr, welcher aber, im Gefühl seines Vermögens, wie ich glaube, an einigen Stellen nachlässig geworden ist: denn auf keine andere Art weifs ich es zu erklären, warum Ajax und Minerva am rechten Arme linke Hände haben. Dieses Versehen bleibt zwar immer ein wenig anstöfsig, allein es ist uns in der Cassandra alles reichlich ersetzt, welche durchaus sehr schön, und ich möchte wohl sagen, mit unnachahmlicher Zärtlichkeit gezeichnet ist — auch die Beine des Ajax sind richtig und zierlich; besonders verdient der in den Mantel gehüllte rechte Arm der gröfsern Figur auf der Rückseite des Gefäfses bewundert zu werden. Die Muskeln und Knochen desselben sind mit dem gröfsten Verstand, und so zarten Schwingungen durch das Gewand durchscheinend angegeben, dafs dieses Stück allerdings für eins der schönsten Muster in seiner Art gehalten werden mag.

---

[6] Es liegen unermefsliche Schätze der alten Kunst in den Kellern der *Villa Borghese* im Verborgenen auf Haufen, welche der grofsmüthige Prinz nun zum Nutzen aller Liebhaber und Künstler, und zum Vergnügen des geschmackvollen Römischen Volks nach und nach ans Licht bringen läfst.

Auch in den Falten zeigen sich die vortrefflichen Grundsätze, das hohe Vermögen und die tiefen Einsichten des Künstlers. Für unterrichtete Leser hat diese Anmerkung um so viel mehr Gewicht, je mehr sie die grofsen fast unüberwindlichen Schwierigkeiten dieses Theils der Kunst kennen.

In Absicht auf die Composition, in so fern nämlich derjenige geistige und dichterische Theil eines Kunstwerks darunter verstanden wird, aus welchem man insbesondere auf den Verstand und das Genie des Künstlers schliefsen kann, gehört das Hauptgemählde unsers Gefäfses unstreitig zu den vortrefflichsten Producten der alten Kunst. — Die Form der ganzen Gruppe ist schön und gewählt, die Stellungen der Figuren sehr simpel und natürlich, kunstlos scheinend, und eben darum von der höchsten Kunst. Nicht weniger lobenswerth ist die geschickte Vermischung der Gewänder mit dem Nackenden, der Gegensatz der Glieder unter einander, und besonders die Vertheilung der Extremitäten, indem letzteres eins von den allerschwersten und mühsamsten Dingen ist. Denn weil eben diese äufsern Gliedmafsen, wegen der kleinen Theile, aus welchen sie zusammen gesetzt sind, den Blick des Anschauenden mehr als andere auf sich ziehen; so mufs der Künstler darauf bedacht seyn, dieselben so zu vertheilen, oder in Gruppen zusammen zu ordnen, dafs sie eine angenehme Wirkung hervorbringen. Dieser Methode haben sich die Alten in den schönen Zeiten der Kunst immer bedient, und die besten Neuern haben sie darin nachzuahmen gesucht.

Ich befürchte nicht getadelt zu werden oder zu viel zu thun, wenn ich den Kopf und die Hände der Cassandra und des Ajax für ein vortreffliches und nicht zu übertreffendes Beyspiel ausgebe. Der grofse Künstler weifs mit fast göttlichem Verstand unser Auge damit auf den wichtigsten und bedeutendsten Theil seines Bildes zu ziehen, fest zu halten, und endlich durch die umgebenden Arme sanft dem übrigen zuzuleiten.

Wie grofs und verehrungswerth aber auch die Kunst in diesem Falle seyn mag, so ist es doch der schöne poetische Gedanke nicht weniger, dafs die Bildsäule der Minerva den Ajax mit der Lanze bedroht: es wird damit sehr fein und treffend auf die unmittelbare Gegenwart der Göttin, und auf die strenge Rache angespielt, welche sie in der Folge wegen Entweihung'ihres Tempels an dem Helden nahm.

Nikolaus Poussin, der in den Fufstapfen der Alten zu wandeln versuchte, soll in einem Gemählde von gleichem Inhalte die Minerva vorgestellt haben, als bedeckte sie sich mit dem Schilde vor Abscheu das Gesicht. —

Es ist, dünkt mich, sehr auffallend, wie weit hier der grofse neuere Künstler hinter dem gröfsern alten zurück geblieben ist. Bey diesem droht die Göttin, weil sie mächtig ist und den Frevel strafen kann; bey jenem verbirgt sie sich, schwach, jungfräulich und schüchtern. — Die Göttinnen beyder Künstler gleichen, wenn ich nicht irre, eine dem Jupiter des Homers, und die andere dem des Virgils.

Vielleicht möchte man mir den Vorwurf machen, dafs es nun scheine, als ob ich geneigt sey, die Zeichnung auf der Vase für ein

Originalwerk zu halten, da ich doch vorhin eingestanden habe, diese sowohl, als das ihr ähnliche schöne Basrelief in der *Villa Borghese* könnten wohl beyde nur Copien eines verloren gegangenen noch besseren Urbilds seyn. —

Ich gestehe, dafs es nicht in meinem, und schwerlich in irgend eines andern Menschen Vermögen steht, etwas Gründliches für oder gegen diese Originalität vorzubringen. Freylich kann man nicht recht begreifen, warum ein so vollkommener Meister der Kunst (wofür wir billigermafsen den Erfinder dieses Stücks zu halten haben) sich Fehler erlaubt habe, die wir selbst an Schülern mifsbilligen müssen; hingegen wäre es widersprechend, wenn man glauben wollte, dafs ein Stümper, der aus Unwissenheit und Ungeschicke gefehlt, dennoch die schwersten und künstlichsten Theile so vortrefflich habe machen können.

Indessen mag ein jeder hierüber glauben, was ihn das Wahrscheinlichste dünkt, zum eigentlichen Werth oder vielmehr Nutzen der Sache thut es ja eben nicht viel: denn das Schöne ist doch immer schätzbar, wo, wie und unter was für Bedingungen es sich auch findet.

Dieser Zweifel wegen ist es sehr schwer zu bestimmen, aus welcher Zeit unsere Vase eigentlich sey. Im Fall sie aber keine Copie eines ältern Werks, sondern ein wirkliches Original ist, so kann mit Wahrscheinlichkeit vermuthet werden, dafs dieselbe noch in den besten Zeiten der Kunst, und also ehe die Römer die Herrschaft über Italien erlangt hatten, verfertigt worden sey. Denn weil hernach in diesem Lande wenig Ruhe mehr war, indem es entweder durch bürgerliche oder andere Kriege, oder auch durch die Raubsucht der Beherrscher verwüstet wurde, und der gute, oder vielmehr der beste Geschmack schon sehr merklich abgenommen hatte, so ist nicht zu glauben, dafs besonders verdienstliche Werke haben entstehen können. — Es scheint, dafs unterm August der edelste Geist der Kunst gleichsam schon verraucht war: zwar sehen wir noch viel jüngere Arbeiten, welche mit Recht für sehr vortrefflich gehalten werden; allein diese Vortrefflichkeit bezieht sich doch nur auf das, was im strengen Sinne und vergleichungsweise mit Werken älterer Zeit mechanisch genannt werden darf.

Ich zweifle sehr, ob man auch nur ein einziges Denkmahl aufweisen könne, welches unläugbar zu den Zeiten der Kaiser gemacht und erfunden wäre, und, als schöne Composition betrachtet, unter den vorzüglichen Antiken eine Stelle verdiente.

Gehen wir die ganze Trajanische und Antoninische Säule durch, sammt allen Vergötterungen, Opfern, Triumphen, Jagden u. s. w. so finden wir vortreffliche Ausführung, wohl geworfene Gewänder, oft auch schöne Formen und gut gestellte einzelne Figuren; aber nie etwas, das im Zusammenhang als Gedanke, Erfindung oder Anordnung, grofs, erhaben und bewundernswerth heifsen kann.

Gegen diese Behauptung, die man ohne Zweifel für sehr verwägen halten wird, weil sie dem gemeinen Glauben widerspricht, wird vermuthlich vieles eingewendet werden; da ich aber billigermafsen die Wahrheit mehr als meine eigene Meinung lieb habe, so soll michs gar nicht verdriefsen, wenn mich jemand eines bessern überführen kann. Doch ich habe selbst vieles, ja das meiste

gesehen, und manches verglichen, und wenn ich alles bedenke, so
scheint es, als wenn aus mehreren vornemlich drey Beweise gegen
mich wären, nemlich das eine grofse Basrelief am Bogen des Constantin, das Opfer am Pallast in der Villa Medicis, und das Ver-
löbnifs aus dem Pallast Justiniani. 7) Durch alle drey aber wird
das, was ich gesagt habe, eher bestätigt als verworfen. Denn das
Basrelief am Bogen des Constantin ist, im Ganzen genommen, verworren angeordnet, und der so berühmte Gedanke von der Victoria,
welche sich auf die Zehen hebt um dem Trajan einen Kranz auf-
zusetzen, hat an sich etwas sehr Spitzfündiges und Gesuchtes, ist
auch für die bildliche Darstellung nicht allzu bequem. Das Opfer
in der Villa Medicis 8) zeugt auch nicht gegen meine Meinung;
denn man findet diese Gruppe so oft besser und schlechter wieder-
holt, als Hauptgruppe und als Nebenwerk angebracht, dafs man
leicht sieht, sie ist damals irgend einem berühmten Kunstwerke
abgeliehen worden. Die Hochzeit im Pallast Justiniani ist eine
schlechte Arbeit und aus den Zeiten des Verfalls der Kunst, wie
die daneben angebrachten Säulen mit Spirallinien zeigen. Zwar ist
die gleiche Vorstellung auf andern Denkmahlen weit besser ausgeführt; allein sie ist ebenfalls als ursprünglich Griechisch zu betrachten, indem man sie auch mit Griechischem Costum, wie z. E. auf
der Graburne mit der Vermählung Jasons und der Medea in der
Villa Albani, findet. —

7) Alle drey sind aus dem *Admir. Rom.* v.
P. S. Bartoli den Liebhabern hinlänglich bekannt, und das erste ist von *M Ant.* sehr
vortrefflich in Kupfer gestochen.

8) Es ist dasjenige, welches unbilligen Kritikern schon so oft Gelegenheit gegeben, den
Raphael als Nachahmer anzuklagen, weil er in
seinem Opfer zu Cystra Rücksicht darauf genommen zu haben scheint.

Es ist sehr zu bedauern, daſs wir unter der groſsen Menge von Kunstsachen aus Hadrians Zeiten dennoch nicht ein einziges beträchtliches und aus mehreren Figuren zusammen gesetztes Werk kennen, welches uns in dieser Rücksicht mit dem damaligen Geist der Kunst bekannt machen könnte: denn der Giebel am *Parthenon* ist noch von niemand gesehen und beschrieben worden, der fähig gewesen wäre richtig darüber zu urtheilen, und vielleicht ist er auch schon zu sehr zerstört, um viel Belehrung hoffen zu lassen. Wie sollte man unter den Antoninen finden, was unter Hadrian, Trajan, Titus, ja selbst unter August vergebens gesucht worden ist? Es scheint also, daſs die Kunst wie ein unveräuſserliches Eigenthum der Griechischen Nation betrachtet werden müsse: mit dieser ihrer Pflegerin erhob sie sich, glänzte und sank sie wieder.

Andere mögen nun untersuchen, ob das, was hier von der bildenden Kunst gesagt worden ist, auch bey den Schriftstellern zutreffe, und ob nicht das Blühende, Zarte und Bilderreiche der Phantasie, der hohe Sinn und das einfältige Schöne, was wir an den ältern Griechen bewundern, bey den Römern und ihren Zeitgenossen in viel geringerm Maſse sich finde.

Ich glaube, das Resultat dieser Untersuchung müsse mir günstig seyn, weil in jenen Tagen die Künste sich noch näher verwandt waren, und mehr als jetzt von einander abhingen.

Mit den Gefäſsen der Alten trug sich der gewöhnliche Fall zu, daſs man gerade dasjenige davon wunderbar und unerklärlich fand, worüber sich am leichtesten hätte Rechenschaft geben lassen; weil aber immer unser Porzellan und übrige Töpferwaare dabey zum Mafsstabe genommen wurde, so hatte man freylich Ursache genug zu erstaunen, wenn man unerwartet auf etwas Gutes, Geschmackvolles oder gar Vortreffliches stiefs.

Wenn ich nun hoffen kann, durch diese Schrift, und deutlicher durch die Abbildung selbst, dargethan zu haben, dafs auch unsere Vase, ungeachtet man ihr manches vorwerfen kann, von einem sehr erfahrnen und vortrefflichen Künstler herrühre; wenn es sich noch von vielen andern beweisen liefse, dafs sie mit unter die besten Werke der alten Kunst gehören; wenn ich ferner sogar bezeugen kann, dafs mir unter der Menge, die ich gesehen habe, nicht eine einzige von beträchtlicher Gröfse vorgekommen sey, die auffallend schlecht bemahlt gewesen wäre; wenn man über alles dieses noch weiter bedenkt, dafs diese Gefäfse mehr zur Zierde als zum Gebrauch dienten, mehr Kunstwerke als Hausrath waren: so läfst sich daraus folgern, dafs selten mittelmäfsige und gemeine, sehr oft gute, ja zuweilen vielleicht selbst die grofsen Meister der Kunst Vasen bemahlt haben; und dann erklärt es sich von selbst, warum die Zeichnung auf denselben durchgängig so ausnehmend leicht, frey, und oft so zierlich und richtig ist. Künftig wird sich auch niemand mehr darüber wundern dürfen, oder es als eine grofse Schwierigkeit für den Künstler ansehen, dafs die Striche wegen Trockenheit des Thons schnell und unabgesetzt gezogen werden mufsten. Den guten Mahlern des Alterthums war dieses wahrlich eine Kleinigkeit. Jetzt noch, in der Zeit des Abnehmens der Kunst, mufs jedermann, der nur einigen vernünftigen Unterricht im Zeichnen genofs, wenigstens wissen, dafs alle Umrisse, vornemlich die mit der Feder, auf eben diese Art gemacht werden sollen; weil eine abgesetzte Linie keiner zarten Schwingungen fähig ist, und dafs an dem Orte, wo sie unterbrochen worden, allemal eine Ungleichheit oder kleiner Winkel entsteht, welches ihr ein unreines holprichtes Aussehen giebt. Darum ist es eine wichtige praktische Regel der Kunst, jede Linie unabgesetzt bis dahin zu ziehen, wo sie sich mit einer andern in einem Winkel verbindet. Weil es aber sehr schwer ist, bey diesem Verfahren dennoch genau zu bleiben, so zeichnet man sich erst sorgfaltig vor; und das thaten die alten Mahler der Vasen auch, wie wir an der unsrigen deutlich sehen können, wo die Umrisse auf den frischen Thon mit einem Stifte sanft eingedrückt worden sind; und diese erste Zeichnung war viel detaillirter, als die hernach aufgetragenen schwarzen Contoure. Noch ein anderes Beyspiel erinnere ich mich auf einer ausnehmend schönen Vase in der vortrefflichen Sammlung der Familie Vivenzio zu Nola gesehen zu haben, wo der erste Entwurf wie mit Rothstein gezeichnet ist. Dieses giebt auch zugleich einen unwidersprechlichen Beweis, dafs der Künstler nicht kopirt, sondern wirklich selbst erfunden habe: denn indem er anfänglich mit seinem Entwurfe nicht ganz zufrieden seyn mochte, so veränderte er vieles in der Lage der Glieder, und verbesserte auch in der That dadurch sein Werk sehr.

Man darf mich aber nicht mifsverstehen und glauben, dafs ich die grofsen Vorzüge, welche die Alten auch selbst in den mechanischen Theilen der Kunst über uns gehabt, hiermit abläugnen wollte: meine Meinung geht blofs dahin, dafs, wenn es uns wieder einmal gelingen könnte so viel Geschmack zu haben, und die Künste mit eben so reinem Verstande zu üben, wie sie gethan, dafs alsdann, sage ich, alle jene Vortheile und Handgriffe, welche man als verloren beklagt, und in welche die eitele Unwissenheit, um ihre Blöfse zu verbergen, das Wesen der Kunst setzt, sich bald von selbst wieder finden müfsten.

Ich merke noch an, dafs man sich zu der Mahlerey auf Vasen wahrscheinlicher Weise eines Pinsels bedient hat, welcher zwar viele Farbe fassen, aber dabey doch eine sehr feine und elastische Spitze haben mufste: denn überall, wo die Linien nur ein wenig stark werden, sehen sie erhaben aus, weil derselbe beym geringsten Druck die Farbe so reichlich abgab. An einer Schale in gedachter Sammlung zu Nola hatte das Schwarz nicht völlig zugereicht, und man nimmt daran deutlich war, wie ein ziemlich grofser Pinsel nach und nach ledig worden, und sich endlich vollends ausgewischt habe.

Dieses ist nun alles, was ich meines Orts über diesen Gegenstand zu sagen nützlich und nothwendig erachtet habe. Ich bin, so viel möglich war, blofs auf der Kunstseite desselben geblieben, theils, weil diese bey dergleichen Werken noch nie anders als nur im Vorbeygehen berührt worden ist, theils, weil ich alles, was eigentlich dem Antiquare gehört, schicklicher denen überlasse, die besser als ich von den Sitten und Gebräuchen der Alten aus den Schriften derselben unterrichtet seyn können. Es würde aber gewifs allen denen, welche sich für Kunst und Kunstwerke interessiren, ein sehr angenehmes Geschenk seyn, wenn sich ein gelehrter Alterthumsforscher die Mühe geben wollte, zu erklären, ob, und in wie fern die beyden Figuren auf der Rückseite des Gefäfses mit den andern in Verbindung stehen, was sie vorstellen, und was das über ihnen hängende Gefäfs, welches entweder zu triefen, oder mit Bändern behangen zu seyn scheint, für eine Bedeutung habe? Überdem bedarf auch der merkwürdige Umstand, dafs die Cassandra und die Bildsäule der Minerva so kurz und fast auf Amazonenart gekleidet sind, und noch einige Nebenumstände, einer gelehrten Auslegung.

Deswegen ist die gröfste Sorgfalt und Treue in der Abbildung angewendet worden, und man hat sich nicht erlaubt auch nur das geringste auszulassen, oder deutlicher zu machen, als es auf der Vase selbst ist, und sogar das weisse Gewand der Cassandra, welches mit dicker weisser Farbe aufgetragen war, die etwas Schaden genommen hat, lieber so unbestimmt gelassen, als durch den geringsten Zusatz vollständiger machen wollen.

Dieses Verfahren braucht zwar viele Behutsamkeit, Verläugnung und Fleifs; es ist aber nothwendig, wenn die Alterthumskunde einen Gewinn zu hoffen haben soll.

Könnte ich mir schmeicheln, dafs ich diejenigen, die, mit natürlicher Anlage zum Geschmack geboren, Lust am Schönen der Kunst haben, aber nicht so glücklich gewesen sind, vorzügliche Werke der Alten in oder aufser Italien zu sehen, hierdurch näher unterrichtet hätte, oder denen, welche dergleichen gesehen, manches Schöne wieder ins Gedächtnifs brächte; sollte ich so glücklich seyn, die Liebhaber auf die Schönheiten und Vorzüge der alten Kunstwerke aufmerksamer zu machen, und in den Künstlern ein Streben zu erwecken dieselben nachzuahmen; dann hätt' ich einen schönen Lohn für meine Mühe erlangt.

ÜBER
DEN RAUB DER CASSANDRA
AUF
EINEM ALTEN GEFÄSSE
VON GEBRANNTER ERDE

EINE
ARCHAEOLOGISCHE ABHANDLUNG
VON
C. A. BÖTTIGER.

I.

Die Vorstellungen auf den Griechischen, oder nach der Benennung, die ihnen von der Gegend ihrer Wiederauffindung am schicklichsten zukömmt, Campanischen Kunstgefäfsen lassen sich, bey aller ihrer bewundernswürdigen Mannigfaltigkeit in Erfindung und Composition, doch ihrem Inhalte nach leicht auf einige Hauptclassen zurück bringen. Entweder sind es Opfer, Processionen, Einweihungen und Bacchusgeheimnisse nach gewissen Abstufungen und Graden, oder es sind vertrautere Szenen des häuslichen Lebens, Gastmahle, Familienfeste, oder gewisse Mythen und Dichterfabeln aus der Griechischen Heldenzeit, die sich unter Schutt und Gräbern in diesen schätzbaren Überresten alter Mahlerey Jahrtausende lang erhalten haben. Die letzte unter diesen drey Classen findet sich, so viel sich aus der Vergleichung der drey Hauptsammlungen von Passeri, D'Hancarville und Tischbein, und nach den Versicherungen neuerer Reisenden [1] im Allgemeinen behaupten läfst, weit seltener

---

1) Z. B. *Voyage pittoresque de Naples et de Sicile*, T. II. p. 276. ff. Doch ist diefs nur ein Auszug aus D'Hancarville. — Es ist daher wohl zu allgemein gesprochen, wenn Herr Professor Münter in seinen Nachrichten von Neapel und Sicilien, S. 62, in einer übrigens sehr lesenswürdigen Erzählung von diesen Vasen, sagt: Alle Vorstellungen derselben sind aus der Griechischen Mythologie entlehnt. Diefs gilt nach der Versicherung von Augenzeugen nicht einmal von der dort zunächst beschriebenen Sammlung des Vivenzio zu Nola. Die neuesten Nachrichten über Vasensammlungen zu Neapel findet man in Norbert Hadrawa's freundschaftlichen Briefen über verschiedene auf der Insel Capri gefundene Alterthümer (aus dem Italien.

als die übrigen, ist aber vielleicht unter allen die vorzüglichste und merkwürdigste. Die hier dargestellte Griechische Fabel setzt es aufser allem Zweifel, dafs Griechische Künstler Griechische Ideen mit Griechischer Kunstfertigkeit auf diesen Vasengemählden ausführten, da die andern zwey Klassen weit mehr locale Beziehungen auf Italien haben, und daher oft mit Samnitischen, Oscischen, Etrurischen, vielleicht zuweilen auch Gallischen Vorstellungsarten verschmolzen sind, wenn gleich auch hier bey den meisten in der Erfindung und Ausführung das Genie Griechischer Künstler nicht zu verkennen seyn dürfte. a)

übers. Dresd. 1794. 4.) XXXII. Br. S. 114-17. Der Verfasser war Gesandtschafts-Sekretär bey dem Kaiserlichen Gesandten in Neapel, dem gelehrten Grafen v. Lamberg, der nach und nach selbst eine treffliche Vasensammlung zusammen brachte. Hier erfahrt man auch, dafs die schöne Königliche Sammlung, die unter der Direction des Ritters Venuti zu Modellen in der neuen Porzellanfabrik à la Grecque dienen soll, durch Siavazioni in S. Agata de' Goti ist zusammen gebracht worden.

a) Es ist hier der Ort nicht, den zwischen der Etrurischen Partey, besonders Gori und Passeri auf der einen, und der Griechisch-Campanischen, wovon Winkelmann und ein Zögling D'Hancarville die Oberhäupter sind, auf der andern Seite geführten Streit, ob alle diese Vasen von Etrurischen oder Griechischen Künstlern abstammen, weitläuftig anzuführen. Man sehe unterdessen die fleifsige Zusammenstellung der Hauptmomente dieses Streits in einer Anmerkung von Fea zu

Winkelmann T. I. p. 215. A. Das Resultat giebt ein neuerer mit Recht belobter Reisender mit wenig Worten, wenn er sagt: Statt Einer Vase, die im Toskanischen geformt ist, sind 1000 in Campanien gebrannt. Swinburn's Reisen durch beide Sicilien. Th. I. S. 235. Vielleicht rechnete selbst der sachkundigste Beurtheiler dieser Alterthümer, Heyne, noch zu viel auf Etrurische Kunst, da fast alle Kunstwerke und Vasen, die er in seinen zwey Abhandlungen *Monumenta Etruscae artis ad genera sua revocata*. *Nov. Comment. Gott. T. IV.* und *V.* in die vierte und fünfte Classe der Etrurisch-Griechischen Kunstwerke setzt, nach dem Ausspruche solcher Kenner, die alles, was davon jetzt noch in Italien zu sehen ist, selbst betrachteten, als blofs Griechische Werke zu betrachten sind. Mich wundert es übrigens, dafs man bey dieser nun schon seit 50 Jahren unternommenen Streitfrage nur immer auf die bekannte Stelle beym *Sueton Cæs. 81.* Rücksicht genommen hat (die der hypothesenreiche D'Hancarville

Es ist eine oft wiederholte, aus der Natur der Sache selbst hervorgehende Bemerkung, dafs die ältere Griechische Kunst sich immer nur um einen gewissen, ziemlich eingeschränkten Kreis von Dichterfabeln herumdrehte. Einige Abentheuer des Theseus, Hercules und Jason, die tragischen Auftritte in der Familie des Oedipus, Szenen aus dem Trojanischen Kriege, und die Leiden der Familie des Agamemnons, dies ist ohngefähr der Kunstcyklus der Griechischen Sculptur und Mahlerey, aus welchem die grofsen Künstler von der 75sten Olympiade an mit Übergehung einer Menge anderer, auch schon von frühern Künstlern bearbeiteter Localmythen, fast allein ihre Vorstellungen zu den gepriesensten Meisterwerken hernahmen, und es ist merkwürdig, dafs die mythologischen Vorstellungen, die sich auf den noch vorhandenen Campanischen oder Griechischen Vasengemählden befinden, fast alle auch nur aus diesem eingumschränkten Kreise entlehnt zu seyn scheinen. *)

sogar zum Fundament seiner Italischen Kunstepoche machte) und eine andere Stelle des *Strabo VIII. p.* 585 B. 536 A. ganz übersah, wo gleichfalls eine Colonie der Corr Kunstgefäse aus Thon (κεραμια τηχιατα) aus den Gräbern des zerstörten Korinths in grofser Menge zusammen sucht, und nach Rom und Italien verkauft. Wie, wenn nun auch schon in weit frühern Zeiten ein solcher Vasenhandel aus dem eigentlichen Griechenland, aus Sicyon, Ägina, Samos, Corinth in die Colonien von Grofsgriechenland und Sicilien Statt gefunden hätte, und es so noch begreiflicher würde, wie wir auf einigen der wieder gefundenen Vasen Zeichnungen und Kopeien nach den gröfsten Meistern, die nur selten aufser dem Be-

zirk des eigentlichen Griechenlands kamen, antreffen könnten?

3) Hieher gehören alle die Vorstellungen, die Herr Hofr. Heyne in den *Nov. Comment. Götting. T. V. P. II. p.* 50, 51, als Etrurisch-Griechische Vasengemählde anführt. Sehr gegründet ist dort die Bemerkung, dafs Passeri viel zu freygebig mit mythologischen Deutungen bey seinen Vasen ist. Gewifs läfst sich auf viele dieser Vasen das anwenden, was Heyne bey einer andern Gelegenheit (Ueber den Kasten des Cypselus S. 61) über die Arbeiter in Reliefs auf Urnen und Sarkophagen anmerkt. Die Künstler setzten aus ihren vorräthigen Zeichnungen theils Figuren,

Das Griechische Gefäß, dessen Mahlereyen durch die vereinigten Bemühungen zweyer in Italien selbst gebildeter Künstler hier in einer möglichst getreuen Abbildung aufgestellt werden, [4)] enthält auf der Vorderseite auch eine mythologische Vorstellung aus dem Kreise der angeführten Künstlerfabeln. Die Tochter des Priamus, Cassandra, wird in der schrecklichen Nacht, in der die Griechen in Troja eindrangen, aus dem Heiligthume der Minerva, am Altare und an der Bildsäule der Göttin, bey der sie gegen die Wuth der Griechen Schutz gesucht hatte, von einem der trotzigsten und wildesten unter ihnen, dem Lokrischen Ajax beym Haar ergriffen und fortgeschleppt. Ein Blick auf die frühern Schicksale dieser unglücklichen Königstochter dürfte uns wahrscheinlich am leichtesten zu den Empfindungen stimmen, mit welchen ein so geistvolles Kunstwerk betrachtet seyn will.

II.

Man hatte die kleine Cassandra mit ihrem Zwillingsbruder, dem Helenus, in den Tempel des Thymbräischen Apollo, der jenseits des Scamanders in einem reitzenden Thale ohngefähr eine Meile

---

theils ganze Sujets darauf, ohne einmal diese Figuren und Sujets zu verstehn. Natürlich entstanden daraus ganz willkührliche Zusammensetzungen, an denen alle mythologische Deutungskunst zu Schanden werden muß. Jetzt müssen wir abwarten, was uns die von Herrn Director Tischbein in Neapel angekündigten Homerischen Vasen für neue Aufschlüsse über diese Sache geben werden.

[4)] Herr Meyer hat diese Vase nach erhaltener Erlaubniß von der Durchlauchtigen Besitzerin derselben aufs sorgfältigste gezeichnet, und ihre Dimensionen bestimmt; und Herr Lips hat sie nach diesen Zeichnungen, mit beständiger Vergleichung des vor ihm stehenden Originals selbst, gestochen und von den Platten die Abdrücke unter seiner Aufsicht machen lassen.

von Ilium entfernt lag, [5] zur Jahresfeier ihres Geburtstages gebracht. Während des Opfers spielten die Kleinen im Vorhofe des Tempels, und man liefs sie, da es späte geworden war, diese Nacht im Tempel schlafen. Als die Ammen des andern Morgens früh in den Tempel traten, fanden sie am Lager der Kleinen zwey Schlangen, die mit harmloser Zunge den Kindern die Ohren ausleckten, aber auf das Geschrei der erschrocknen Weiber sogleich in die Lorbeerzweige zurück krochen, auf welchen die Kleinen gelegen hatten. Seit diesem Wunderereignifs war das Gehör der Zwillinge so scharf, dafs sie die Stimme der Götter vernehmen, und wahrsagen konnten. [6]

---

5) Über die Lage dieses Tempels im Thale Thymbra s. Heyne zu Lechevalier Beschreibung der Ebene von Troja XV. S. 161.

6) Die Orientaler erzählten sich schon in dem frühesten Alterthum sehr viel von der Sprache der Vögel und Thiere. Wenn die Götter die Ohren öffnen, sagt der Araber, der versteht die Vögel, und wird ein Wahrsager, Vogeldeuter. Dieser Glaube kam mit der Vogeldeuterkunst selbst über Phidien und Kleinasien (S. Spanheim zum Callimachus S. 713 *Ern.*) zu den Pelasgern, den Stammvätern der Griechen und Etrurien. Diefs ist der wahre Ursprung der Auguraldisciplin, und daraus ist die Stelle des *Plinius* X. 15. S. 17. zu erklären, die so seltsame Muthmafsungen (S. Fea zu Winkelmann T. I. p. 213 *f.*) erzeugt hat. Die dort erwähnten *ex iam genera depicta in Etrusca disciplina, sed ulli non visa* sind Asiatische und Indische Vögel gewesen, welche die Stammväter der Pelasger aus jenen Gegenden empfangen hatten, die aber nun ihren spätern Enkeln unverständliche Hieroglyphen geworden waren. — Wenn die Minerva den Tiresias für seine Blindheit durch die Wahrsagergabe entschädigen will, so reinigt sie seine Ohren, und er kann nun die Stimme der Vögel verstehn. Apollodor III. 6, 7. Oft thun diefs die Götter durch die ihnen geheiligten Drachen. So lecken zwey Schlangen dem schlafenden Melampus die Ohren, und, als er erwacht, versteht er, was die Vögel auf den Bäumen zwitschern. S. Heyne zum Apollodor S. 159 f. Noch unter dem Nero wufste der Thaumaturg Apollonius von Tyana Vortheile von diesem Glauben zu ziehn. S. *Philostrat. V. A. T. I.* zu S. 25. Nun wird es deutlich, warum Anticlides (einer von den spätern Schriftstellern, die die Geschichte der Rückkehr der Griechen von Troja, Νόστος, geschrieben hatten, *Casaub. zu Athen.* p. 286.) diese Sage auch auf das prophetische Zwillingsgeschwister Helenus und Cassandra

Wahrscheinlich hielt sich Cassandra von dieser Zeit an häufig im Tempel des Wahrsagergottes auf.[7] Denn hier war es auch, wo das aufblühende Mädchen in den Augen Apolls, oder seines Stellvertreters, des Oberpriesters, so viel Gnade fand, dafs er ihr um den schönsten Minnesold alle Tiefen und Geheimnisse seiner prophetischen Kunst offenbarte. Allein die Schülerin überlistete diefsmal den klugen Meister, und weigerte sich, nachdem sie ihre Wifsbegierde befriedigt hatte, die Wünsche des lüsternen Gottes zu befriedigen. Unmuthsvoll verwünschte dieser die Kunst, die er ihr nicht mehr entreifsen konnte, und legte den Fluch auf alle ihre Wahrsagungen, dafs sie stets Unglück prophezeien, und bey ihren Prophezeiungen nie Glauben finden sollte.[8] Dieser Fluch gieng auch buchstäblich in Erfüllung. Sie weissagte von nun an ihrer Familie und dem ganzen Reiche nichts als Unglück, und wurde daher von ihren Eltern als toll in einen Thurm eingesperrt. Als Paris sich zu jenem verliebten Abentheuer anschickte, zu dem ihn die Venus selbst ermun-

---

anwenden konnte, wie diefs die weitläuftigern Excerpte in den Scholien zum Homer Iliad. 7, 44. und die kürzern in den Scholien zu des Euripides Hecuba 86, uns lehren.

7) Daher die Vorstellung, sie sey Priesterin des Apollo gewesen. Als solche hat sie die Schlüssel des Tempels. Eurip. Troad. 257. 329. *Winkelmann Monum. Antichi. P. I. p. 40.*

8) So erzählt Apollodor die Geschichte III. 12. 5. Beym Servius zu *Virgil. Aen. II.* 247. *imparit in os eius*, wobey ein alter Volksausdruck zum Grunde liegt. Übrigens blieben ihre Propheseiungen doch die lauterste Wahrheit. Diefs sagt sie selbst in einem Fragment des Euripides in *Al-xandr. fr. XXII. 1*, wo eben darum ἄκραντα, nicht, wie auch noch in der neuesten Ausgabe steht, ἄκραντα, gelesen werden mufs, wie aus einer Stelle des Quintus Calaber XII. 517. deutlich wird. — Wahrscheinlich bezieht sich auf diese Unterhandlung das schöne Vasengemählde von der Cassandra auf einer Vase des D. Nikola Vivenzio zu Nola, die Münter beschreibt. Nachrichten von Neapel S. 61. Vergl. *Pitture d'Ercolano T. II. tav. XVII.* wo die dem Apollo gegenüber sitzende Figur wahrscheinlich auch die Cassandra vorstellen soll.

terte, warnte Cassandra die Trojaner und verkündigte ihnen eine
Litaney voll Elend [9] Umsonst! Sie ward als eine Rasende verspottet, und Paris holte seine Helena. Als endlich die Trojaner
das berüchtigte Pferd mit Jubel und Siegesgepränge auf ihre Burg
zogen, da ergriff auch Cassandren die prophetische Wuth. Mit aufgelöstem Haar, die Hände mit Fackel und Beil bewaffnet, sprang
sie hervor, und verkündigte die nahen Strafgerichte. Vergeblich! —

    Apolls Orakel spricht
    Weissagend aus Cassandrens Munde.
    Es spricht von Troja's letzter Stunde;
    Wir glauben selbst der Gottheit nicht. [10]

Die fürchterliche Verderbensnacht vollendet. Eine schauderhafte
Gräuelszene von Gemetzel, Rauben und Brennen eröffnet sich, und
als nun der Sturm bis zur hohen Burg des Priamus selbst forttobte,
da flüchteten sich die schüchternen Jungfrauen und unter ihnen
auch Cassandra in der Schutzgöttin Minerva Heiligthum, umklammerten die Bildsäule der Göttin, und hüllten sich in ihren Peplus. [11]
Ajax, der Sohn des Oileus, einer von den Anführern der Griechischen Räuber, Fürst der Lokrier, reifst fühllos gegen das Sträuben
und Flehen der Unglücklichen, unbekümmert über den Zorn der

---

9) Der Alexandrinische Dichter Lycophron gründet auf diese Vorstellung sein dunkles Prophetenstück, Alexandra, denn so wurde Cassandra auch noch genannt. Eine Sklavin erzählt dem Priamus alles wieder, was die begeisterte Unglücksprophetin in ihrem Thurm gesprochen hat. S. Lycophr. Alexandra 1460 ff. Der Thurm wird auch V. 349 f. besonders beschrieben, und erinnert uns an den Thurm der Danae, und der Hero in dem Gedichte des Musäus, der auch dem neuesten Interpreten noch viel zu schaffen gemacht hat.

10) *Virgil. Aen. II. 246.* nach Schiller.

11) Diefs Bild hatte wenigstens Properz vor Augen, als er den Vers dichtete IV, 1, 114.
Victor Oilide, rape nunc et dilige vatem,
Quam vetat avelli veste Minerva sua.

Götter, die er nur in seinem Speer und Schwerd zu verehren weifs, Cassandren vom Altar, sättigt im Angesicht der Göttin seine thierische Lust, und schleppt sein Schlachtopfer, mit auf den Rücken gebundenen Händen, zu dem Hause der übrigen Sklavinnen, unter denen sich nun auch die Königin, ihre Mutter, und die dem Opfermesser bestimmte Polyxena befinden.

> Was zeigt sich uns? Selbst an Tritoniens Altar
> Erkühnt man sich Cassandren zu ergreifen.
> Wir sehn mit aufgelöstem Haar
> Die Tochter Priams aus dem Tempel schleifen.
> Zum trüben Himmel fleht ihr glänzend Angesicht,
> Denn ach! die Fessel klemmt der Jungfrau zarte Hände. [12]

III.

Dieser an einem wehrlosen Mädchen verübte Frevel, der selbst in jenem halbrohen Zeitalter defswegen so grofsen Abscheu erregen mufste, weil er an einer Supplicantin in einem Tempel verübt worden war, und das damals so wohlthätige Recht der Freistätte doppelt verletzte, [13] wurde eigentlich erst in der Folge durch die alles verschönernde Kunst der Griechen bald als ein Theil in den Epopöen, in welchen eine lange Reihe von Dichtern den Tro-

---

12) *Virgil. Aen. II.* 403.

13) Man erinnere sich, wie die spätern Griechen einen ähnlichen Frevel des Persers Artayctes (ἐν τῷ αὐτῷ χωρίῳ ἱμεργετο) bestrafen. *Herodot IX,* 116-20. Über das schöne Recht der Freistätte und die *ἱκεσία* überhaupt

vergl. *Heyne in Opusc. Acad. T. I. p.* 213. Ubrigens findet man über die Geschichte der Cassandra Collectaneen bey *Metirius Commentaires sur les epitres d'Ovide T. L p.* 4'᾽ʲᵖ. und *Bayle Dictionaire* s. v. *Cassandre T. II. p.* 6°.

janischen Mythencyclus immer künstlicher aussponnen, bald als eine viel erzählte Volks- und Nationalsage, auf welche sich sogar der Jungferntribut eines ganzen Völkerstammes gegründet haben soll, bald auch als ein beliebtes Sujet mannigfaltiger, älterer und neuerer Kunstwerke allgemein bekannt. Es wird gewifs zu unserer Absicht nicht undienlich seyn, wenn wir vorher auch diese zarten Blüthen Griechischer Phantasie und Kunst sorgfältig sammeln, und uns dadurch zur richtigen Beurtheilung der Manier, mit der eben diefs Sujet auf unserer Vase und noch einigen andern ihr ähnlichen Kunstwerken behandelt ist, vorzubereiten suchen.

Die Erzählung vom Raube der Cassandra hat erst von spätern Dichtern die Form und Einkleidung erhalten, in der wir sie jetzt kennen. Homer, der überhaupt der Cassandra nur dreymal in seinen Gedichten bey solchen Veranlassungen erwähnt, die auf unsere Begebenheit nicht die entfernteste Beziehung haben, [14] übergeht ihre gepriesene Prophetengabe sowohl, als die an ihr im Tempel der Minerva verübte Gewaltthätigkeit völlig mit Stillschweigen. Wenn Merkur in seiner Unterredung mit der Kalypso der Rückreise der Griechen von Troja gedenkt, so sagt er blofs: sie hätten bey der Heimfahrt die Minerva beleidigt, und wären von ihr mit Sturm und Ungewitter verfolgt worden. (Odyss. V, 108.) Wir erfahren hier eben so wenig, worinnen diese Beleidigung bestanden habe, [15]

---

14) Siehe die Stellen in Hermanns Mythologie des Homers S. 228. wo doch die dritte Stelle, Iliad. XXIV, 699. übergangen ist.

15) Schon Strabo XIII. p. 6,7 A. zog aus diesem Stillschweigen Homers eine richtige Schlufsfolge, und somit fällt nun auch der Tadel des Philostratus weg, der

als in einer frühern Stelle, wo Nestor dem jungen Telemach die
Veranlassung des Zwistes bey der Heimreise der Griechen blofs in
allgemeinen Ausdrücken angiebt:

> Damals ordnete Zevs die unglückselige Heimkehr
> Unserem Volk: denn mit nichten verständig waren sie alle
> Oder gerecht: drum raffte so viel ein Schreckenverhängnifs,
> Von des allmächtigen Zevs blauäugigen Tochter gesendet,
> Die voll Zorns die Atriden zu feindlichem Hader empörte. [16]

Auch da, wo der alte Sänger jenes bewunderte Bild, den Tod des
frevelnden Ajax an den Gyräischen Klippen, entwirft, heifst er nur
der von Athenen gehafste. (Odyss. IV, 502.) Es läfst sich indefs kaum zweifeln, dafs nicht Homer bey allen diesen Stellen wenigstens den Tempelraub des Ajax schon vor Augen gehabt habe,
den er aus den Überlieferungen und Gesängen früherer Dichter
kennen mufste. [17] Aber spätere Epopöendichter, die man gewöhnlich mit dem viel zu allgemeinen Namen der Cyclischen zu belegen
pflegt, benutzten die hier nur leise angedeuteten Winke. Cassandrens Raub und Minervens Strafgerichte wurden gleichsam ein neuer
Standpunkt, von welchem alle die Dichter, Chorographen und Ge-
nealogen ausgiengen, die in die Rückkehr der Griechen von Troja
so viele abentheuerliche Irrsale und Begründungen neuer Städten zu
verweben wufsten. Zwar sind auch diese Gedichte längst verloren

---

in einer für die höhere Kritik des Homers
noch nicht genug benutzten sophistischen Pro-
beschrift, den *Heroicis c. VIII. p. 706 Olear.*
es für eine grundlose Fabelei des Dichters erklärt, dafs Ajax die Cassandra geschändet habe,
da nur so viel gewifs sey, dafs sie von Ajax
gewaltthätig von der Bildsäule der Pallas weg-
gerissen worden. Vergl. die Stelle aus dem
Troico des Dion, die Olearius anführt.

16) *Odyss.* III, 132-36 nach Vofs.

17) S. die Scholien zu *Odyss.* III, 135.

gegangen, und die meisten derselben kennen wir kaum aus ein paar einzelnen, bey alten Schriftstellern hin und her zerstreueten Bruchstücken. Allein durch die belehrenden Auszüge, die uus Hr. Professor Siebenkees in Altorf aus einer Handschrift des Proclus in der St. Markusbibliothek in Venedig mitgetheilt hat, befinden wir uns glücklicher Weise doch noch im Stande, den cyclischen Dichter anzugeben, der dieser Begebenheit eine vorzügliche Stelle in seinem Eroberten Troja eingeräumt hatte, und höchst wahrscheinlich die Quelle geworden ist, aus der alle spätere Dichter und Künstler ihre Vorstellungen von diesem tragischen Auftritte schöpften. Es ist Arctinus von Milet, (zwischen der IV und IX Olymp.) der sich zwey Hauptpunkte aus dem Trojanischen Mythencyclus zu seinen zwey Gedichten gewählt hatte, die Aethiopis, oder die Schicksale des Memnons, und Iliu Persis, das zerstörte Troja, in welchem letztern er auch den Raub der Cassandra so ausführlich geschildert hatte,[18]) dafs Virgil, der den Arctinus bey seinem Gemälde von der Zerstörung Iliums am meisten vor Augen hatte, uns das von seinem Vorgänger so fleifsig ausgeführte Stück nur gleichsam im Hintergrunde und im Vorbeygehen sehen läfst. (Aeneid. II, 403-6.) Später behandelten auch die Tragiker diefs Sujet auf ihre eigene Weise,

18) Die Inhaltsanzeige dieser Stelle befindet sich nach Herrn Siebenkees Abschrift in der Göttinger Bibliothek der alt. Lit. und K. 1, St. S. 28. und lautet ohngefähr nach dem Griechischen, wie folgt: „Ajax, Oilei Sohn, bemächtigt sich mit Gewalt der Cassandra und reifst zugleich das Bild der Minerva mit nieder. Die hierüber entrüsteten Griechen halten Rath, und wollen den Ajax steinigen. (Fast wörtlich findet sich diefs alles nach dem Arctin beym Pausanias X. 31. p. 874.) Dieser flüchtet sich nun selbst auf den Altar der Göttin, und entgeht dadurch der drohenden Gefahr." Mehr über den Arctin S. bey Heyne zum Virgil T. II. p. 262 f. und p. 282. Tychsen commentatio de Q. Smyrnaei Paralip. p. 30 und ganz neuerlich Jacobs zu Tzetzae Antehomerica cet. in Praefat. p. XXII.

und es ist sehr wahrscheinlich, dafs durch die Art der Darstellung, durch die man das Interesse der Zuschauer am meisten zu gewinnen hoffte, die Erzählung von der Schändung der Cassandra im Heiligthume selbst zuerst ganz allgemein in Umlauf gekommen sey. [19] Für uns, die wir alle jene Trauerspiele längst verloren haben, steht als ein sehr mittelmäfsiger Ersatz nur noch die Stelle des schwülstigen Lycophrons da, wo er zugleich die Augen der Minerva von dieser Schandthat wegwenden läfst. (V. 361, 62.)

Und an des Tempels schön gezimmertes Getäfel
Rollt sie der Augenballen grimmen Blick.

Die ganz späten Dichter Quintus Smyrnäus und Tryphiodor haben die Sache natürlich nach ihrer Art auch so gut aufgeputzt, als es sich thun lassen wollte, und ersterer beschenkt uns

---

[19] Unter den verlornen Trauerspielen des Sophokles wird oft der Αἴας Λοκρος angeführt, worinnen wahrscheinlich ein Bothe die ganze Eroberungsgeschichte vor Troja dem alten Oileus erzählte, und dabey die an Cassandren verübte Gewaltthätigkeit vor allen andern anführen mufste. S. *Sophoclis Fragmm.* T. IV. p. 538. ff. *Brunk.* und *Fabricii Bibl. Gr.* T. II. p. 203. *Harles.* wodurch die auch von *Winkelmann* (Descript. de pierres gravées du Baron de Stosch p. 398.) nachgeschriebene Behauptung des Bynesius Ep. IV. p. 162. D. *Petav.* dafs der Lokrische Ajax von keinem Griechischen Tragiker zum Helden eines Trauerspiels gewählt worden, vollkommen widerlegt wird. Diefs war wahrscheinlich auch in einem avvyten Stücke dieses Tragikers das l'all. Ναυπλιος Π.γωντς betitelt. Wenigstens läfst sich diefs aus einer Stelle des Hygini Lib. 116. p. 177. Munk. vermuthen, der, wie gewöhnlich, auch hier nur den Griechischen Tragiker epitomirt zu haben scheint. Das Trauerspiel vom Euripides Αἰξωλμα, aus welchem wir oben schon ein Fragment angeführt haben, gehört in ihre frühere Geschichte, und behandelt die Geburt des Priss. S. *Valkenaers Diatribe* p. 147. C. Aber es hatten noch verschiedene andere Tragiker eben diesen Stoff in den Trauerspielen bearbeitet, die sie Λευ νερες nannten. S. *Heyne Excurs. I ad Virg. Aen.* II, p. 282. In den noch vorhandenen Trauerspielen des Euripides ist nur ein einzigesmal die Rede von dem an der Cassandra begangenen Frevel, *Troad.* 69 ff.

bey dieser Gelegenheit noch mit einem kleinen Erdbeben, durch welches die Grundvesten des Tempels erzittern. (*Paralip. XIII*, 425.)

Einen andern Beweis, wie berüchtigt dieser Tempel- und Jungfernraub geworden sey, giebt uns eine bekannte Volkssage, nach welcher die Opuntischen Lokrier, die Landsleute des Ajax, mehrere Jahre nach seinem Tode von einer verheerenden Pest heimgesucht, und vom Orakel dahin angewiesen wurden, dafs sie die noch immer zürnende Pallas durch die Sendung zweyer Jungfrauen zum Tempeldienst in Ilium versöhnen, und so lange mit diesem Tribut fortfahren mufsten, bis der Zorn der Göttin besänftigt sey. So fabelhaft auch diefs im Ganzen klingen mag, so wahrscheinlich machen es doch die vielen Zeugnisse alter Schriftsteller, [20] dafs wenigstens ein Grund dazu vorhanden gewesen seyn müsse; und ein Blick auf die Sitten und Vorstellungsarten des Alterthums [21] ist vollkommen

---

[20] Der ausführlichste Bericht hierüber stand im Timäus, in dessen Geschichte sich weitläuftige Untersuchungen über die Lokrier und ihre Colonien befanden. S. *Heyne* in *Opusc. T. II. p.* 46 ff. Ein Fragment aus dieser Stelle des Timäus sind wahrscheinlich die Worte, die *Suidas. s. v. νέως T. III. p.* 229. aus dem Aelian excerpirt hat. Vergl. *Toup. Epist. Crit. p.* 134. Die Sache beruht aber nicht blofs auf der Aussage des unzuverlässigen Timäus, sondern auch *Polybius T. III. p.* 393 *Schweigh.* und *Strabo XIII. p.* 896, 97. sprechen von ihr, als von einer bey den Iliern und Lokriern unbezweifelten Tradition. Später hatten die grammatischen Dichter Callimachus und Euphorion diese Volkssage noch mehr ausgeschmückt. S. *Bayle Dictionaire s. v. Cassandre.* E. und Wyttenbach zu *Plutarch. de S. N. V. p.* 66.

[21] Jungfernstribute, die eine ganze Commun, um ein Staatsverbrechen zu büfsen, liefern mufsten, sind im Alterthume nichts seltnes. Die Jungfrauen, die der Minerva nach Ilium geschickt wurden, waren Dienerinnen des Tempels und Aufwärterinnen. Sie kehrten alle Morgen den Tempel, wie Euphorion sagt im Fragmente beym *Plutarch de S. N. V. p.* 22. Sie hiefsen daher Πλυντρίαι oder Λυτρίαι (man sehe das Excerpt aus dem *Photius Lex. Ms.* bey Alberti zu Hesychius *T. II. c.* 498. 16.) und gehörten überhaupt in die zahl-

zureichend, auch hierzu in der noch nicht geschriebenen Geschichte des Priesterthums manche Parallele zu finden. Uns genügt es, auch hierinnen einen neuen Beweis gefunden zu haben, wie Folgen- und Fabelreich dieser tragische Auftritt für die spätern Griechen geworden sey.

Eine in so vieler Rücksicht merkwürdige, durch mannigfaltige Zusätze späterer Dichter und Länderbeschreiber ausgeschmückte Begebenheit mufste frühzeitig auch ein Gegenstand der bildenden Künste werden. Wirklich finden wir sie auch auf drey berühmten alten Kunstwerken, die durch den Reichthum der darauf abgebildeten Vorstellungen nicht mit Unrecht mythologische Bildergallerien genannt werden könnten. Eines der ältesten Denkmale Griechischer Kunst war der zu Olympia der Juno geweihte Kasten des Cypselus. (zwischen der XXX und XL. Olymp.) Auf der vierten, oder zweyten langen Seite dieses künstlichen Schnitzwerks war nach dem Pausanias (V, 19. p. 425.) auch Ajax abgebildet, wie er Cassandren von der Bildsäule der Pallas wegreifst, und da hier jede Gruppe nach der ältesten Manier noch eine erklärende Beyschrift hatte, so las man hier die Worte: [21]

Ajax schleppet Cassandren der Lokrer von Pallas Athenen.

Die nächste Vorstellung ihr zur Seite ist der Brudermord des Eteokles, und darneben eine weibliche Figur mit den fürchterlichsten

reiche Classe von Tempelsklavinnen, die das Alterthum unter dem Namen ἱερόδουλοι kannte. Vergl. *Larcher* zum *Herodot.* T. II, p. 256, und besonders Manso über die Venusdienerinnen in seinen *Versuchen über einige Gegenstände aus der Mythologie der Griech. und Röm.* p. 256 f.

22) Die Griechischen Worte mögen die Härte des Verses entschuldigen: Αἴας Κασσάνδραν ἀπ' Ἀθανᾶς Λοκρὸς ἕλκει.

Zähnen eines Thieres und krumm gebogenen Klauen an den Händen. Nach dem Pausanias deutete diefs Ungeheuer [23] blofs auf das unvermeidliche Schicksal, das den Polynices durch die Hand des Bruders fallen läfst. Ich glaube aber, dafs Pausanias den Sinn des alten Kunstwerkes hier nur halb gefafst habe. [24] Diese Schicksalsgöttin war wohl eigentlich zwischen beiden Gruppen, dem Raube der Cassandra und dem Brudermorde des Eteokles und Polynices schwebend vorgestellt, und sollte nach der belehrenden Absicht des Künstlers die göttlichen Strafgerichte andeuten, die beide Verbrecher, den Ajax sowohl, als den Eteokles unvermeidlich treffen werden. Ein noch vorhandenes späteres Kunstwerk, ein Relief auf einer marmornen Vase, die Gori besafs, setzt diefs aufser allem Zweifel. [25] Der Künstler, der offenbar diese Figuren auf dem Kasten des Cypselus vor den Augen hatte, theilt das Ganze durch eine in der Mitte stehende kleine Bildsäule der Pallas gleichsam in zwey Felder. Zur Rechten zückt Eteokles gegen seinen Bruder, den er beym Haarschopf fest hält, das Mordschwerd. Zur Linken reifst Ajax die Cassandra vom Bilde der Pallas, an das sie sich schweigend anlehnt. Von oben her kommt die Schicksalsgöttin geflogen, deren fürchterliche Erscheinung hier zwischen Brudermord und Tempelentweihung einen erschütternden Eindruck macht.

---

23) Das auf dem Kunstwerke selbst durch ... erklärt wurde. Es ist ganz die *mors avidis dentibus et angue cruento* des Seneca und Statius, der die älteste Kunst noch nichts von ihrer Häfslichkeit zu nehmen wagte. Vergl. Lessings Werke Th. X. S. 194.

24) Heyne in seiner Vorlesung über den Kasten des Cypselus S. 25 hat hierbey nichts angemerkt, da er sich an die gleich anzuführende Vase bey Gori nicht erinnerte.

26) Im *Museum Etruscum* T. I. tab. *CXXV*. Über die Schönheit und Originalität dieses Kunstwerks liefse sich freilich nur durch den Augenschein selbst urtheilen. Die Zeichnung ist, wie fast alle in diesem Kupferwerke, äufserst flach und inkorrekt. Darnach zu

Auf eine ganz andere Weise behandelte diefs Sujet Polygnot einige hundert Jahre später (zwischen der LXXX und LXXXX Olymp.) auf zwey Gemälden zu Delphi und zu Athen. Zu Delphi bemahlte er für die Knidier die getäfelten Wände eines Conversationssaals, der in Griechenland unter dem Namen der Delphischen Lesche bekannt war. Das Gemälde an der einen Wand, von welchem hier die Rede ist, sollte ein Ehrendenkmal auf den Neoptolemus, den Sohn des Achilles seyn, und enthielt, so viel wir aus der verworrenen Beschreibung des Pausanias schliefsen können, eigentlich die blutigen Schlachtopfer, die der Heldenarm des Neoptolemus bey der Eroberung der Burg von Troja niederstreckte, zur Verherrlichung des einst in Delphi durch Meuchelmord gefallenen Helden, und die Hauptszene war mitten in Troja. Als Nebenfiguren und vermuthlich mehr gegen den Rand des Gemäldes waren theils die gefangenen Trojanerinnen, theils andere Gruppen neben den Schiffen der Griechen angebracht, *) und hier, also nicht eigentlich als Hauptfigur und in der Mitte des Stücks, erblickte man auch folgende Szene. „Ajax steht an einem Altare und reinigt sich

---

schliefsen, könnte es nichts anders, als eine sehr mittelmäfsige Kopie eines alten, vielleicht vortrefflichen Griechischen Meisterwerks seyn.

a6) Der Graf Caylus hat nach seiner bekannten Manier auch diefs Gemählde in ein Tableau zu bringen versucht, das der Liebhaber in der Histoire de l'Academie des Inscr. et B. L. T. XXVII. p. 31. betrachten kann. Schon der Titel, den er seinem Gemählde giebt, embarquement des Grecs, zeigt deutlich, dafs er nicht einmal die Hauptidee, die Polygnot bey diesem Denkmal auf den Neoptolemus haben mufste, gefafst hat, da sie doch Pausanias selbst in den Worten, der Künstler habe den Neoptolemus allein noch mordend vorgestellt, weil das Gemälde ein Epitaphium auf ihn gewesen sey, sehr deutlich angiebt. Ich stelle mir vor, es mag in der Anordnung viel Ähnlichkeit mit dem bekannten Relief, der tabula Iliaca gehabt haben. Da macht die Burg von Troja, und was dort vorgeht, auch den Mittelpunkt, und rings herum stehen in einzelnen Gruppen die übrigen Vorstellungen.

wegen des ihm angeschuldigten Frevels an dem Bilde der Pallas gegen die ihm den Schwur auferlegenden Atriden, den Agamemnon und Menelaus. Cassandra sitzt auf der Erde, und hält das Pallasbild im Schoofse, vermuthlich um anzuzeigen, dafs es bey der ihr zugefügten Gewalt von seiner Basis gerissen worden sey. Ajax ist mit dem Schilde, die Atriden mit Helmen auf dem Kopfe gemahlt. Auf dem Schilde des Menelaus ist ein Drache gemahlt." [77]) So weit Pausanias (X, 26. p. 863.) In dieser Vorstellung ist also nicht eigentlich der Raub der Cassandra, sondern nur die Folge davon in Rücksicht auf den Räuber nach dem, was der Mahler bey seinen Dichtern, den Lescheus und Arctinus, gelesen hatte, abgebildet gewesen. Und doch entschied die Art, mit der Polygnot die einzelnen Figuren in dieser vom Hauptgemählde abgesonderten Szene ausführte, für alle nachfolgenden Künstler, die, wenn sie auch den Raub der Cassandra selbst vorstellten, und also die Figuren des Ajax und der Cassandra ganz anders gruppiren mufsten, doch in der Bildung und Bekleidung derselben von ihrem grofsen Vorgänger selten abgewichen seyn mögen. Besonders mufs die Cassandra, bey aller Unvollkommenheit der Farbenmischung, die in jenem

---

27) Der Abbé Gedoyn hat theils in den Anmerkungen zu seiner Übersetzung des Pausanias, theils in einer besondern Abhandlung. *Memoires de Literature* T. 17, p. 455, diese Stelle geradezu für ein Räthsel erklärt, und zu den sonderbarsten Erklärungen und Verbesserungen seine Zuflucht genommen. Der Schlüssel liegt in dem, was oben aus den Excerpten des Proclus angeführt worden ist. Der Frevel, weswegen ihn die Griechen bestrafen wollen, war nicht der Raub der Cassandra, sondern das umgerissene Bild der Pallas. Darum hält auch die Cassandra auf dem Gemählde diefs Bild noch auf ihrem Schoofse. Gedoyn hätte sich aber auch schon aus einer andern Stelle seines Pausanias, X, 31, p. 874, eines bessern belehren können.

Zeitalter noch sehr einfach war, [28] eine sehr bewunderte Figur gewesen seyn, da Lucian seiner idealisirten Panthea die Augenbraunen und die zarte Röthe der Wangen gegeben wissen will, die Polygnot der Cassandra auf diesem Gemählde gegeben hatte. [29]

Von eben diesem Künstler befand sich nun auch noch eine zweyte Vorstellung der Cassandra in der Plisianaktischen Halle, oder, wie sie in der Folge von den dort aufgestellten Gemählden genannt wurde, in der Pöcile zu Athen. Die Nachricht, die wir beym Pausanias davon finden, (I, 15. p. 37.) macht es sehr wahrscheinlich, dafs das Historienstück, auf welchem auch hier diese Gruppe angebracht war, dem zu Delphi vollkommen ähnlich gewesen sey, [30]

28) Die vier Farben, mit denen diese Tetrachroma gemahlt war, giebt in einer sehr merkwürdigen Stelle *Plutarch* *in de def. oracul.* p. 436. C. ώχρα, ερυσρα, μελαν, μηλινος.

29) *Lucian. in Imagg. c.* 7. T. II. p. 465. Vergl. Wielands Anmerk. zu der Übers. Th. III. S. 288.

30) Pausanias sagt in der Erklärung dieses Gemäldes ausdrücklich: Die Griechen haben eben die Eroberung Troja's vollendet. Da hier die Absicht wegfiel, die der Mahler bey dem Gemälde zu Delphi haben mufste, den Neoptolemus zu verherrlichen, so war vielleicht ein ganzer Theil, der die Thaten des Neoptolemus enthielt, hier weggelassen, welches bey einem aus blofsen neben und über einander stehenden Figuren zusammengesetzten Stücke füglich geschehen konnte. Hier mochten also nur die gefangenen Trojanerinnen die Hauptfiguren aus, und daher heifst das ganze Stück beym *Plutarch in vita Cimonis* c. 4. T. III, p. 249, Τρωαδες, gerade wie auch über diesen Figuren in der *Tabula Iliaca* n. 111 geschrieben steht. Die Übereinstimmung beider Gemälde wird aus folgendem Umstande noch deutlicher. In dem Gemälde zu Delphi kam die Laodice vor. *Pausan.* X, 26. p. 864. Nun wissen wir aber aus dem Plutarch l. c. dafs Polygnot seine Geliebte die Elpinice in dieser Laodice portraitirt hatte. Vergl. Heyne Antiqu. Aufs. I, 216, und Lessing im Leben des Sophokles S. 109. Also auf beiden durchaus einerley Figuren. Hieraus läfst sich aber auch schliefsen, dafs Polygnot das Gemälde zu Athen früher mahlte, als das zu Delphi. Das zu Athen wird nach einer richtigen Combination mehrerer Angaben von dem neuesten

so wie aus dem Umstande, dafs Pausanias die Vorstellung von der Cassandra und dem Ajax aus den übrigen Gegenständen, die auf diesem Gemälde abgebildet waren, namentlich heraus hebt, mit Recht vermuthet werden könnte, dafs sie auch hier, so wie auf dem Gemälde zu Delphi, vorzüglich bewundert wurde. Natürlich mufste der Anblick dieser Geschichte auf zwey berühmten Gemälden an zwey der besuchtesten Plätze Griechenlands den Raub der Cassandra zu einem Lieblingssüjet nachfolgender Künstler machen. Von einem bekannten Mahler der spätern Zeiten, dem Theodorus, [31] sagt Plinius ausdrücklich, er habe eine Suite von Historienstücken aus dem Trojanischen Kriege gemalt, die sich in Rom in der Gallerie des Philippus befunden habe, und eine Cassandra, die in dem Tempel der Concordia aufgehangen sey. [32] Wahrscheinlich war auf beiden diese Geschichte nach der Erfindung des Polygnotus behandelt, und bey den zahlreichen Gemälden des Griechischen Alterthums, zu welchen Troja's Eroberung die Süjets darbot, [33] war gewifs auch diese Cassandra selten vergessen.

Geschichtschreiber der Kunst, *Bromley History of the fine arts* Vol. I, p. 319. in die 83ste Olympiade gesetzt.

31) Es gab nach einer merkwürdigen Stelle beym *Diogenes Laert.* II, 104, drey Mahler dieses Namens, einen Athener, einen Ephesier und einen dritten, dessen Vaterland nicht bekannt ist. Wären doch die Bücher des Polemon und Menodotus περὶ ζωγράφων, die dort citirt sind, nicht verloren gegangen! Wenigstens verdiente der Junius'sche Künstlerkatalog eine vervollständigende Umarbeitung. Felibien hat blofs aus diesem geschöpft, und der C. *Dati Vite de' pittori antichi* (Neapol. 1730. 4) fehlt es an kritischer Sprachkunde. Heyne's Künstlerepochen in den Antiq. Aufs. zeigen, wie diese Materie kritisch behandelt werden müfste.

32) *Plin.* XXXV, 11, 2. 50, 40. „*Theodorus bellum Iliacum pluribus tabulis, quod est Romae in Philippi porticibus, et Casandram, quae est in Concordiae delubro.*" ubi vid. Hard.

33) So z. B. in dem durch seine Ruinen noch jetzt berühmten Tempel zu Agrigent. *Diod.* XIII, 82. T. I. p. 607. Andere Beyspiele bey Wernsdorf ad Poët. min. T. IV. p. 605.

Indessen versuchte die schöpferische Einbildungskraft Griechischer Künstler gewifs auch dieser Geschichte mehrere Ansichten und Situationen abzugewinnen. Den vollständigsten Beweis davon führen die noch jetzt aus dem Alterthum übrig gebliebenen Kunstwerke, in denen allen diefs Sujet zum Theil aus ganz verschiedenen Gesichtspunkten behandelt ist. Es sey mir erlaubt, auch diese noch, so weit sie zu meiner Kenntnifs gekommen sind, ganz kurz anzuführen.

IV.

Der Künstler, der eine Vorstellung vom Raube der Cassandra geben wollte, konnte dazu einen dreyfachen Gesichtspunkt wählen. Er giebt uns den Ajax mit der Cassandra entweder vor der entscheidenden Handlung — hier will sich Ajax erst seiner schönen Beute bemächtigen —; oder im Momente der Handlung selbst, wie er Cassandren vom Bilde der Pallas wegreifst; oder nach vollendeter Handlung, wo er uns aus Cassandrens Schmerz, oder aus dem Unwillen der übrigen Griechen den schon verübten Frevel errathen läfst. Den letzten Gesichtspunkt hatte Polygnot in seinen Wandgemälden zu Delphi und in der Stoa zu Athen genommen. Er ist vielleicht unter allen der unfruchtbarste, und konnte nur in einem grofsen Historienstück in Geschmack der alten Kunst, wo mehrere Reihen Figuren neben einander zu stehen kamen, die sich wechselseitig erläuterten, von einiger Wirkung seyn. Es ist mir nicht bekannt, dafs unter den aus dem Alterthum noch vorhandenen Kunstwerken eines den Raub der Cassandra als schon vollbracht darstellte. Auch würde es ohne viele marquirte Nebenpersonen schwer halten, die Deutung der Geschichte zu finden, die uns auf dem

Kunstwerke ein Mädchen, etwa mit einer Bildsäule auf dem Schoofse, und darneben einen jungen Helden in trotziger Stellung erblicken liefse. Desto häufiger sind die Kunstdenkmale, bey welchen der Künstler den ersten oder zweyten Gesichtspunkt wählte. Das schönste unter denen, wo Ajax Cassandren noch nicht ergriffen hat, sondern zwischen Begierde und Ausführung gleichsam noch mitten innen zu schweben scheint, ist das Bruchstück eines halb erhabenen Marmors, welches Winkelmann eigenthümlich besafs, und in seinen *Monumenti antichi* n.141. abgebildet und (p. 188 f.) beschrieben hat. Der ungestüme Ajax fodert fürs erste nur noch, was er dann raubte. Das bedrängte Mädchen scheint ihn mit der linken Hand zurück stofsen zu wollen, während sie mit der rechten das Bild der Pallas fest hält. Ihre aufgelösten Haare fallen über die entblöfste Brust, und sie scheint mit einem Fufs auf der Basis der Bildsäule zu ruhen, die aber, so wie der Untertheil aller übrigen Figuren, weggebrochen ist. Hierher gehören wahrscheinlich auch einige von den geschnittenen Steinen, in denen der Künstler diese Geschichte behandelte. 34)

Noch häufiger finden sich indefs die Vorstellungen von der zweyten Art, wo Ajax seine Beute schon bey den Haaren ergreift, und sie entweder erst von der Bildsäule und dem Altare wegzureifsen bemüht ist, oder sie wirklich schon fortschleppt. Freylich möchte diese Handlung, ein schönes Mädchen bey den Haaren fort-

---

34) Ohne Zweifel bezieht sich hierauf ein geschnittener Stein in der Grofsherzoglichen Sammlung zu Florenz, in *Museo Florentino* T. II, tab. XXXI, a, den aber Gori in der Erklärung p. 76 ganz falsch von einer Scene nach der Haupthandlung erklärt. Hierher gehören auch einige Steine in *Tassie's Catalogue* n. 9501. ff. p. 653.

zuschleppen, nach unserm Geschmack eben nicht die passendste zu einem niedlichen Kabinetsstücke seyn. Aber **Frauen die von feindlichen Kriegern bey den Haaren fortgezogen werden**, war nun einmal im Alterthum charakteristisch für eine eroberte Stadt, [35] und dem verständigen Künstler entgiengen die Vortheile nicht, die eine solche Situation gewährte. So war ohne Zweifel schon die Vorstellung auf dem alten Schnitzwerke, dem Kasten des Cypselus, dessen ich oben gedacht habe, und so wird diese Geschichte auch auf dem vortrefflichen Relief in den Souterreins der *Villa Borghese* vorgestellt, worauf Winkelmann zuerst aufmerksam gemacht hat, [36] und in welchem Herr Meyer eine so auffallende Ähnlichkeit mit unserm Vasengemälde entdeckte. Hier stemmt sich die jungfräulich abwehrende Cassandra gegèn die Basis des Altars. Auf einem alten, zu Volterra gefundenen und in Thon geformten Relief ist diese schöne Künstleridee auf eine sehr sonderbare Weise umgekehrt. Da stemmt sich Ajax mit dem linken Knie auf den Altar, um mit desto gröfserer Gewalt die flie-

---

35) Wenn Priamus dort im Geist die Gräuel des zerstörten Troja's erblickt, so kommt das Wort ἕλκειν von den bey den Haaren geschleppten Frauen zweymal nach einander vor. *Iliad.* XXII. 62-64. So ahndet Hektor die Wegschleppung, ἑλκηθμον, der Andromache. *Iliad.* VI. 465. Man zerrte die Weiber bey ihrem fliegenden Haare, wie die Pferde an den Mähnen, ἐμπλέκην, wie es Aeschylus schildert in einer sehr mahlerischen Stelle, *Sept. c. Theb.* 331-35. So reifsen die Macedonischen Soldaten ihre Beute, die gefangenen Perserinnen, nach dem Treffen bey Issus mit sich fort ἀπο τῆς κομης ἀποσπωντες. *Diod. XVII.* 36. T. II. p. 186.

So scheint also auch in dem bekannten Verse beym Virgil: *Ecce trahebatur passis Priameia virgo Crinibus*, kein Euphemismus des das übrige verhüllenden Dichters zu seyn. Das *trahi* mahlt am schönsten die geschleppte Sklavin. Natürlich mufste diefs nun auch auf Bildwerk und Kunstvorstellungen übergehn. So ergreift auf der berühmten *gemma Augusta* beym Lambecius und in *Maffei Verona illustrata* p. CCXLV. der wilde Krieger das geraubte Mädchen gerade so bey den Haaren, wie Ajax auf unsern Vorstellungen die Cassandra.

36) *Monumenti antichi inediti* p. 189.

-hende Cassandra, die er doch mit der einen Hand am Arm fest hält, indem er mit der andern drohend das *parazonium* schwingt, zurück zu ziehen. [57])

Weit künstlicher und geschmückter ist die Behandlung eben dieses Gesichtspunktes auf einer sehr schönen Nolanischen Vase bey Passeri [58]) und D'Hancarville. [59]) Die mitten inne stehende, das Gemälde in zwey Haupttheile trennende Bildsäule der Minerva ruht auf einer niedrigen, breiten Basis, zu welcher man auf drey Stufen hinan steigt. Unten liegt zum Zeichen der Tempelentweihung ein umgestürztes Opfergefäſs, ein *infundibulum*, so wie oben über dem Bilde eine Opferbinde, *taenia*, ganz los aufgehangen ist. Cassandra, bis auf die Brust völlig entkleidet, kniet auf dem Auftritte zur Basis, und blickt wehmüthig zur Göttin hinauf, deren Bild in der ganz gewöhnlichen Stellung in der Linken das Schild, in der Rechten den gesenkten Speer hält. Ajax stürzt mit Heftigkeit auf sie ein, ergreift mit der Linken ihr Haar, und hält mit der Rechten ein *parazonium*, oder einen kurzen Speer gegen einen der Cassandra, wie es scheint, zu Hülfe eilenden Krieger. Zur Rechten erblickt man zwey Frauen, wahrscheinlich Priesterinnen und Tempeldienerinnen, die beide in ganz verschiedenen Stellungen Schrecken und Abscheu über die Handlung des Ajax zu erkennen geben. Oberhalb der Gruppe des Ajax und der Cassandra ist noch eine weibliche Figur, mehr liegend als sitzend, angebracht, die sehr deutlich auf das, was mit der Cassandra vorgeht, hinweist. Gegen

---

57) Aus dem reichen Guarnaccischen Museum in *Passeri Musaeum Etruscum* T. III. tab. XF. Vergl. die Erklärung in dissert. III. p. 166.

58) *Picturae Etruscorum in Vasculis* T. III. tab. CCXCIV. CLXCV.

59) *Antiquités Etrusques cet. tirées du Cabinet de Mr. d'Hamilton*, T. III. tab. 57.

über sitzt, um der Symmetrie willen, der Leibvogel der Pallas, die Eule. Die ganze Composition und Anhäufung der Figuren zeigt von einem Künstler, der die einfachen und eben durch ihre Einfachheit edlern Vorstellungen seiner Vorgänger durch neue Zusätze verschönern und übertreffen wollte. Ob ihm diefs wirklich gelungen sey, würde der urtheilsfähige Kenner nur durch das Anschauen und Vergleichen einiger Originalkunstwerke, die eben diefs Sujet behandeln, entscheiden können. [40]

Ich rechne zu dieser Classe auch noch die Vorstellungen auf einigen geschnittenen Steinen, wo die Cassandra ganz allein in der Stellung abgebildet ist, wie sie das Bild der Pallas umklammert, [41] und eine Gruppe auf dem bekannten Stuccorelief im Museum Capitolinum, der *tabula Iliaca*, wie sie Fabretti am Ende seines

---

40) Denn wie wenig man sich gewöhnlich auf die Abbildungen in unsern Kupferwerken verlassen könne, beweist selbst die Vergleichung der Abbildung dieser Vase beym Passeri und D'Hancarville. Man sollte glauben, es wären zwey ganz verschiedene Vorstellungen, so sehr weichen beide von einander ab. Hier verdient nun wohl die D'Hancarvillische Copie den meisten Glauben, weil dieser die Vase in der Hamiltonschen Sammlung selbst vor Augen hatte, Passeri aber, wie bey sehr vielen andern, sich blofs eine Zeichnung davon für seine Sammlung, vielleicht von einem sehr unerfahrnen Zeichner, hatte nehmen lassen. Übrigens kann man aber die D'Hancarvillischen Abbildungen vom Vorwurfe der Verschönerungssucht nicht losprechen. Am getreuesten sind, nach dem Ausspruche der Kenner, die neuesten Tischbeinischen Umrisse, nur dafs hier wieder die Colorirung fehlt. Zum Beweiss meiner obigen Behauptung beziehe ich mich nur bey dieser Vase selbst auf das, was die eine von den fliehenden Frauen in der Hand hält, und was man nur erst in D'Hancarville für einen Schlüssel erkannt, der die *sacerdos κληδοῦχος*, die Priesterin des Tempels, bezeichnen soll.

41) S. *Museum Florentinum* T. II. tab. XXXI. 3. Wie untreu und verkünstelt diese Abbildung ist, sieht man aus der Beschreibung einer diesem Steine völlig ähnlichen Buste im Stoschischen Cabinet bey Winkelmann *Descr. de P. gr. du B. d. Stosch* p. 393. n. 335.

Commentars über die Trajanische Säule bekannt gemacht und erläutert hat. Diefs in einem spätern Zeitalter, wahrscheinlich zur Versinnlichung des Unterrichts über den Trojanischen Mythencyclus bestimmte Kunstwerk [42]) giebt die Figur der Cassandra zweymal. Das erstemal, (n. 99.) wie sie in ihrem begeisterten Angriff gegen das Verderbenschwangere Pferd von ihrem Vater zurück gestofsen wird, und dann, (n. 102, 103.) wie sie Ajax an den Stufen des Minerventempels beym Haare fortschleift. [43]) Dafs auf einem Kunstwerke, wo gegen 500 Figuren in den engen Raum von ungefähr zwey Quadratfufs Inhalt zusammen gedrängt sind, nicht von Deutlichkeit und Schönheit der Ausführung die Rede seyn kann, bedarf wohl nicht erst einer Erinnerung.

In einem ganz andern Geiste ist diese Geschichte auf einem alten Carniol im Cabinette des Königs von Neapel ausgeführt. [44]) Der Künstler hat sich von allen übrigen Vorstellungen völlig entfernt, und der Stein ist in seiner Art einzig. Ajax trägt die geraubte Cassandra, mit lang herab flatternden Haaren und zerstörtem

---

42) Dazu ist auch diefs als Kunstwerk gar nicht in Anschlag zu bringende Relief noch in neuern Zeiten mit gutem Erfolg gebraucht worden. S. Heyne Antiqu. Aufs. I, 24. Besonders würde es dem künftigen Herausgeber des Quintus Smyrnaeus sehr wesentliche Dienste leisten können. S. Tychsen Commentatio de Q. Smyrnaei Paralip. p. 28. ff. Übrigens ist die Vermuthung des Hrn. Prof. Heeren in der Biblioth. der alten Lit. und Kunst IV. St. p. 64. l. dafs sowohl die tabula Iliaca, als einige andere ihr sehr ähnliche Reliefs als ein Versinnlichungsmittel des Jugendunterrichts zu betrachten seyn, fast keinem Zweifel unterworfen.

43) Vergl. Fabretti in der Erklärung p. 370, und die daraus genommene Compilation des Laur. Beger in bellum et excidium Trojanum (Berol. 1699. 4.) p. 60. Neuerlich auch den Herausgeber des Musei Capitolini T. IV. p.

44) S. Descript. de Pierr. Gr. du Baron de Stosch. p. 393. n. 357.

Ansehen, auf beiden Armen davon. Ein kleines Pallasbild auf einer breiten Basis zur Seite scheint drohend die Rechte aufzuheben. Der Stein muſs nach der Abbildung zu schlieſsen zu den vorzüglichern Kunstwerken in der Art gehören. [45]

V.

Auch das vor uns liegende Vasengemälde, das uns zu allen den vorhergehenden Betrachtungen veranlaſste, gehört zu den Kunstwerken, wo der mittelste Gesichtspunkt, der Moment der Handlung selbst, gewählt ist. Aber nun wird sich auch erst die Vortrefflichkeit unsers Kunstwerks durch die Vergleichung mit den übrigen richtig bestimmen, und der Behauptung des einsichtsvollen Künstlers, der vor mir sein Urtheil darüber dahin gefällt hat, daſs es in der Composition und Ausführung eines der vortrefflichsten Produkte der alten Kunst sey, mit voller Überzeugung beypflichten lassen. Der Künstler, der, nach der wahrscheinlichen Muthmaſsung eben dieses Kunstkenners, hier gleichsam nur die Skizze zu einem gröſsern Werk in halb erhobener Arbeit zeichnete, das entweder im Urbilde oder in einer sehr meisterhaften Nachbildung sich noch in den unterirdischen Gewölben des Pallastes Borghese befindet, wählte mit tiefer Einsicht und

---

45) Herr Raspe hat in *Tassie's Catalogue* Plate LIII. n. 9507 eine sehr ächte Zeichnung davon gegeben. Wenn er aber in ſeiner Erklärung im kleinen Pallasbilde eine Spur der von den Alten nicht vernachlässigten Perspektive finden will, so ist dieſs wohl eben so wenig gegründet, als eine zweite Bemerkung: *the engraving gives a glimpse of the crimes of Ajax*. Die letztere beweist nur die Liebhaberei des Verfassers, die alle Spintrien mit so üppigem Witze zusammen zu stellen und zu erklären gewuſst hat.

Beurtheilung gerade den fruchtbarsten, prägnantesten Moment der Handlung. Wir erblicken hier Cassandren nicht mehr um das Bild der Pallas geschlungen, und ihren Räuber nur noch mit drohender Stellung sich zur Ausführung des Frevels anschickend, wie auf dem alten Marmor bey Winkelmann und in einigen geschnittenen Steinen. Aber eben so wenig ist sie auch ganz schon in der Gewalt ihres Räubers, wie in der zuletzt angeführten Gemme des Königs von Neapel. Es ist vielmehr der entscheidende Augenblick zwischen Verzweifelung und Schamhaftigkeit auf der einen, und Übermuth und ungezähmter Begierde auf der andern Seite so glücklich gewählt, und mit den Drohungen einer furchtbaren Gottheit so schön in Verbindung gebracht, dafs ohne den Aufwand von Figuren, wie auf der Nolanischen Vase bey Passeri und D'Hancarville, dennoch in der Seele des Anschauenden der stärkste Eindruck gemacht wird, den je ein Bildner durch Behandlung dieser im Alterthum so berühmten und so oft bearbeiteten Geschichte bewirken konnte. Doch die weitere Zergliederung dieser Schönheiten bleibt billig den verständigen Beschauern selbst überlassen, und gehört nicht in diese archäologische Vorlesung. Auch hat mein würdiger Vorgänger, der durch vieljährige Beschauung der Kunstschätze Italiens und durch eigene Kunstfertigkeit sich vor vielen andern in Stand gesetzt sieht, hierüber zu urtheilen, in seiner Vorlesung auf alles, was die Zusammenstellung der drei Figuren bewundernswürdiges haben kann, hinlänglich aufmerksam gemacht. Aber einige Betrachtungen über die kunstvolle Behandlung jeder einzelnen Figur, über die Wahl der Bekleidung und andere oft so sehr vernachlässigte Nebenstücke werden uns auch davon überzeugen können, dafs der kluge Meister auch mehr als gewöhnliche Gelehrsamkeit und Alterthumskenntnisse besessen habe. Jede Figur, wie viel Stoff zu Bemerkungen bietet sie uns nicht im Einzelnen und im Verhältnisse zum Ganzen dar!

VI.

Ajax ist hier in dem gewöhnlichen Heldenkostum, nackt, die ein wenig rückwärts flatternde Chlamys um den linken Arm, mit Schild und Spiefs, in männlicher Jugendfülle, eine schöne unbärtige [46)]

[46)] Es verdient bemerkt zu werden, dafs auch beym Ajax die spätere Kunstverfeinerung den Bart, der ihm nach den altern Dichtern und Künstlern so gut zukam als allen übrigen Heroen, weggenommen hat. Polygnot hatte ihm, so wie allen Helden im Trojanischen Kriege, den Palamedes ausgenommen, auf seinem Historienstücken zu Delphi noch einen Bart gegeben, nach dem ausdrücklichen Zeugnisse des Pausanias X, 31. p. 874. und mit einem Bart war er auch noch auf einer Gemme im alten Styl in der Daktyliothek des Cardinals Ottoboni zu sehen. Winkelm. *Monum. Ant. P. II.* p. 189. Da nun in den Charakterismen der Griechischen Helden in einem Fragment des Isaac Porphyrogeneta (S. Rutgers *Var. Lect. V.* 20. p. 513.) und beym Malelas *Chronogr. V.* p. 130. *Chilmead*. unter Ajax ausdrücklich δυσπώγων, der busbärtige, genannt wird; so läfst sich aus diesem Umstande sowohl, als aus mehrern andern mit Recht schliefsen, dafs der verloren gegangene Dictys, aus welchem diese späten Compilatoren alle ihre Weisheit geschöpft haben, bey diesen Schilderungen sehr alte Traditionen oder Kunstwerke vor Augen gehabt habe.

Wie, wenn diese an und für sich unbedeutenden Charakterismen dadurch wichtig würden, dafs sie ursprünglich von Gemälden des Polygnotus genommen waren? Dafs die Gemälde dieses Künstlers aus der Pöcile zu Athen zu Anfang des fünften Jahrhunderts noch vorhanden gewesen, und von Athen nach Constantinopel geschafft worden sind, bestätigt das ausdrückliche Zeugnifs des Synesius *Epist. CXXXV.* p. 272. Vergl. Fea zur Übersetzung des Winkelmanns T. II. p. 419. B. Wie leicht konnte also ein früherer Byzantinischer Compilator solche Charakterismen nach diesen ihren hohen Alterthums wegen höchst respektabeln Gemälden entwerfen! Auch Tzetzes hat diese Charakterismen in seine *Posthomerica* übergetragen, den Bart des Ajax aber V. 664. vermuthlich, weil er ihn nicht ins Metrum stopfen konnte, ausgelassen. In einem neuern Kunstwerke, der Statue des Ajax im Gymnasium des Speusippus zu Constantinopel, erscheint er völlig so, wie auf unserer Vase, jugendlich schön und unbartig. S. des Christodorus metrische Beschreibung in *Brunk. Analect.* T. II. p. 464.

Figur, und so ist er auch, einige geringe Abweichungen abgerechnet, auf den übrigen noch vorhandenen Kunstwerken vorgestellt, [47]) eine einzige Gemme ausgenommen, wo er im alten Styl noch in völliger Waffenrüstung erscheint. [48]) Das merkwürdigste bey unserer Figur ist ohne Zweifel der auf dem Schilde angedeutete Drache. Man weiſs wie viel Sinn das frühe Alterthum in diese auf den Schilden der Helden abgebildeten Embleme zu legen pflegte. Dichter sowohl als Künstler deuteten damit oft auf die merkwürdigsten Thaten und Schicksale ihrer Helden. Nun finden sich zwar Schlangen und Drachen, welche die alte Kunst ihrer sanften Biegungen und Windungen wegen so gern zu Attributen und Nebenfiguren wählte, sehr häufig auf alten Schilden auch ohne bestimmte Beziehung, [49]) und es würde also auch hier die Drachenfigur auf dem Schilde des Ajax uns eben so wenig befremden dürfen, als das Emblem des Hundes, oder des Seepferdes auf dem Schilde eben dieses Helden in den Münzen der Opuntischen Lokrier, wo er als Nationalheros im Ganzen völlig so, wie wir ihn auf unserer Vase erblicken, vorgestellt ist. [50]) Allein eine merkwürdige Stelle in den *Heroicis* des

---

[47]) Alle Heroen hatten so gut, wie die Götter selbst (S. Heyne *de auctoribus formarum, quibus dii effinguntur* in Comment. Gott. Cl. Philol. T. *VIII*. besonders p. *XXVII*.) durch Übereinkunft der Künstler ihre festgesetzte ikonische Ähnlichkeit in den Kunstwerken. Man sehe die merkwürdige Stelle von den Gemälden im Tempel des Jupiters zu Agrigent beym Diodor T. I. p. 607. Wessel.

[48]) Winkelmann *Descript. d. Pierr. gr. d. St.* p. 393. n. 334. Aus Raspes Beschreibung in *Tassie's Catalogue*. n. 9601, lernt man diese merkwürdige Gemme genauer kennen.

[49]) Beyspiele in Heyne's Antiq. Aufs. I, 90. not.

[50]) Den Ajax mit einem Hund auf dem Schilde finden wir auf einigen Münzen der Opuntischen Lokrier bey Pellerin t. *XIV*, 9. und im *Museo Monteriano* p. 176. n. 4. Vergl. Rasche *Lexicon R. i Num.* T. II. P. II c. 189. La Golzens *Numism. Graeciae* tab.

Philostratus macht es allerdings wahrscheinlich, dafs der gelehrte Künstler noch einen besondern Grund gehabt habe, in dem Schilde des Helden einen Drachen durch einige flüchtige Pinselstriche anzudeuten. Es hatte nemlich nach der Aussage dieses Sophisten, der doch auch hierbey gewifs aus einer frühern Quelle schöpfte, der Lokrische Ajax einen fünf Ellen langen, zahmen Drachen zum unzertrennbaren Gefährten. Der Drache afs und trank mit seinem Herrn, lief ihm auf allen Wegen voraus, oder folgte ihm, wie ein Hund. [51] Die alte Sage, auf welche sich Philostratus bezieht, könnte sich wohl auf ein wahres Factum gründen. Man weifs, dafs sich einige grofse Schlangenarten, die im Alterthum häufig in Macedonien und den benachbarten Gegenden gefunden wurden, sehr gut zähmen und abrichten liefsen, und daher oft auch in den Tempeln zu heiligen Gaukelspielen benutzt wurden. [52] Warum könnte sich also

---

XVIII. n. 5, 6, 8. sind zwey ähnliche Münzen. Auf dem einen Schilde eine Hippokampe, auf dem zweiten ein grofser Drache mit vielen Windungen. Diefs letztere würde auch zur Erläuterung unserer Vase sehr wichtig seyn, wenn die Ächtheit dieser Münze noch durch ein anderes Zeugnifs bestätigt werden könnte. Es ist bekannt, wie tief Golzens Ansehen, besonders durch die neuesten Untersuchungen des grofsen Ekhels *Doctrin. Num. Vet. P. I. Prolegg. p. CXLII. ff.* bey allen kritischen Numismatikern gesunken ist.

51) *Philostrat. Heroic. VIII,* 1. p. 706. *Olear.* Könnte nicht der Hund auf dem Schilde in einigen Münzen der Opuntischen Lokrier darauf eine Beziehung haben?

52) Die vollständigste Beschreibung dieser so genannten Pellaischen Drachen giebt Lucian in *Pseudom. c.* 7. *T. II. p.* 215. Doch mufs diese grofse Art nicht mit den kleinen dickköpfigen Schlangen verwechselt werden, welche die neuern Naturforscher *serpens Aesculapius* nennen, und die Alten unter dem Namen παρείας, Backenschlangen, häufig in den Äskulapiustempeln (S. zu Aristoph. Plutus (*690*) und zu Bacchusprocessionen (zu Demosth. *pro Coron. c.* 79.) benutzten. Vergl. die gelehrten Collectaneen in J. E. Im. Walchs Dissertation *de deo Melitensium p.* 42 ff. Der Drache des Ajax gehört zu der grofsen und doch zahmen Art, die man häufig auf den Münzen der Städte, wo der Äskulapiusdienst in Aufnahme war, abgebildet fin-

nicht auch Ajax aus irgend einer Absicht einen solchen Genius Familiaris gehalten haben? Doch der Ursprung dieser alten Überlieferung sey, welcher er wolle, genug, die Idee wurde von Dichtern und Künstlern frühzeitig aufgenommen, und es macht den Kenntnissen unsers Künstlers Ehre, dafs er auch diesen kleinen Umstand, die Person seines Helden noch deutlicher zu charakterisiren, nicht unbenutzt liefs. Vielleicht war von diesem Umstand auch auf andern Kunstwerken der Art Gebrauch gemacht, und er ist nur von wenigen aufmerksamen Zeichnern und Beobachtern seiner Kleinheit wegen übersehen worden. Ja, könnte nicht vielleicht Pausanias selbst in Rücksicht auf diese Schlange auf dem Schilde des Ajax sich eines kleinen Versehens schuldig gemacht haben? Es ist auffallend, dafs in der Beschreibung des Gemäldes von Polygnot in

det. Das charakteristische Zeichen dieser Drachen ist eine Art von Mähne, *juba*, über dem Nacken. S. Spanheim *de Pr. et us. Num.* T. I. p. 221. und Bochart *Hieroz.* T. II. c. 452 ff. und diese Mähne entdeckt man bey genauerer Betrachtung auch an dem Drachen auf unserm Schilde. Man hat schon im Alterthume gestritten, ob es wirklich solche *dracones cristatos* gebe. Schon Plinius lacht über den Juba, der diefs behauptet hatte, und Harduin, der in den Anmerkungen sagt, er habe selbst einmal eine solche bemähnte Schlange gesehn, ist von Büffon getadelt worden. Indessen mufste doch auch hierzu bey den Alten eine Veranlassung seyn. Ich glaube, man lernte aus Indien, dem Vaterlande der Schlangen und Schlangenfabeln, früh die Brillenschlange (*coluber naja*, Linn.) kennen. Der Halskragen dieses Thieres, das daher auch *cobra de capelo*, *serpent au chaperon* heifst, konnte leicht durch Tradition in eine Mähne verwandelt werden. Man sehe nur die richtige Abbildung dieser Schlange in *Tavernier Six Voyages* T. II, p. 302, und vergleiche damit die Iudische Relation beym *Philostratus* in *V. A.* T. III, 6. p. 99 ff. einer überhaupt noch nicht genug benutzten Quelle zur Naturgeschichte des Alterthums. Auch ist es merkwürdig, dafs nach Kämpfers Aussage in *Amoenit. Exot.* p. 567, gerade diese Schlange in ihrem Vaterlande selbst von Gauklern zu allerley Künsten am leichtesten abgerichtet werden kann. Ich wünschte diese Muthmafsung möchten erfahrenere Naturforscher, als ich bin, einer genauern Prüfung unterwerfen!

Conversationssaale zu Delphi gerade dem Schilde des Menelaus, der neben dem Ajax steht, das Emblem eines Drachen gegeben wird. [53] Freilich muſs nun der Drache, der zu Aulis die jungen Sperlinge fraſs, dem Künstler hierzu die erste Veranlassung gegeben haben. Aber, wie nun, wenn Pausanias im Gewirre der Figuren, die sich auf diesem Stücke zusammen drängten, einmal selbst irre geworden wäre, und dem Schilde des Menelaus das zugeschrieben hätte, was eigentlich auf dem Schilde des Ajax, dessen er doch auch ausdrücklich Erwähnung thut, gesehn hatte? Wenigstens wäre dieſs nicht der einzige Fall, wo dem Pausanias entweder sein Gedächtniſs, oder sein Cicerone einen solchen Streich gespielt hat.

Auſser diesem Schilde verdient auch die Gestalt des Speers, den Ajax in der Hand hält, unsere Aufmerksamkeit. Man findet auf wenigen Denkmalen des Alterthums die untere Spitze, womit der Speer in die Erde gesteckt wurde, so genau angegeben, als hier am Spieſse des Ajax und des Pallasbildes. Da die Spieſse im stets bewaffneten heroischen Zeitalter zugleich die Stelle unserer Wanderstäbe und Stöcke vertraten: so war der Gebrauch, den man auch von dieser untern Spitze des Spieſses machte, gewiſs sehr mannigfaltig, und so ist es gewiſs nicht uninteressant, ihre wahre Gestalt hier zu erblicken. [54]

---

53) *Pausan.* X, 26. p. 863.

54) Schon die Menge Synonymen, mit welchen die Griechen diese **untere Spitze** belegten, beweist, daſs ihr Gebrauch und ihre Gestalt sehr ausgebreitet und verschieden gewesen seyn müsse. Sie heiſst *comparny, ςύμαχος, ςυραξ, ςυρακιον, σαυρος, γρόσϕος, ςτρόγγξ, ςουξ,*

s. die gelehrte Bemerkung des Hemsterhuys zu Lennep: Etymologicon S. 859. Die ersten zwei Benennungen kommen schon in der Iliade X, 153. XIII, 443. vor. Vergl. den Eustathius p. 796, 30. Beym Virgil heiſst sie oft *cuspis* (z. B. *Aen.* XII, 386, I, 81, wo die Erklärer schweigen) wie schon

VII.

Bey der zweiten Hauptfigur unsers Gemäldes, der Cassandra, ist der Künstler von allen übrigen Denkmalen des Alterthums, in denen wir noch jetzt diesen Raub vorgestellt finden, darinnen abgegangen, daſs sie hier nicht am Oberteile des Körpers ganz entblöſst, und nur von unten zu mit einem langen, die Füſse fast ganz verdeckenden Gewande verhüllt, sondern nur in ein kurzes, knapp anliegendes Untergewand gekleidet ist. Man begreift leicht, auch ohne in die Geheimnisse der Kunst selbst eingeweiht zu seyn, welche mannigfaltigen Vortheile gerade dieſs alle Umrisse des reitzenden jungfräulichen Körpers so ganz auffassende Gewand dem Künstler darbot. [55] Auch wäre die von Herrn Meyer so schön bemerkte **geschickte Vermischung der Gewänder mit dem Nacken-**

Casaubonus zu des Aeneas *Tacticis* p. 613. T. III. *Polyb.* bemerkt hat. Ihr Hauptnutzen war, den Spieſs aufrecht in die Erde damit zu stellen. S. Aelian *de anim.* XIV, 6. p. 775. *Gron.* Im Nothfall diente sie auch zum Gefecht. So wird Philopömen damit verwundet, Pausan. VIII. 49. p. 700. Man schrieb damit Figuren in den Sand. S. die Stelle des Libanius bey Ruhnken zum Timaeus S. 241. N. Ausg. Der sonderbarste Gebrauch, den man davon machte, kommt beym Thucydides vor II. 4. p. 8. Bip. wo sie zum Querholze eines Thorriegels dient. Wie dieſs möglich gewesen sey, wird aus der Ansicht unserer Vase deutlich. Diese Spitze kommt übrigens wohl darum nur selten auf alten Denkmalen vor, weil die Künstler in solchen Nebendingen selten ganz genau zu seyn pflegen. Winkelmann (*Monum. Antich.* n. 72. p. 99.) entdeckt sie an dem Relief im Pallast Rhspoli, wo es doch nur die Spitze des umgekehrten Spieſses zu seyn scheint. Deutlicher sieht man sie auf einer alten Gemme in *Gori Mus. Etrusc.* T. II. tab. XXVII. 4.

55) Daher die studierte Coquetterie der Phryne, jener berühmten Griechischen Hetäre, die Apelles und Praxiteles zum Modell ihrer Venusbilder nahmen. Sie zeigte, sagt Athenaus XIII. 6. p. 590. F. sich selten ganz entkleidet, sondern trug gewöhnlich ein knapp anschliefsendes Unterkleid, ιχιταριον χιτωνιον ευταχτε.

den, und die Vertheilung der Extremitäten in beiden Hauptfiguren bey jeder andern Bekleidung oder Entblöfsung völlig verloren gegangen. Es bewies aber auch der Künstler durch die Wahl dieses Gewandes noch von einer andern Seite die richtigste Beurtheilungskraft und eine von dem reinsten Geschmack geleitete Gelehrsamkeit. Es entstanden überhaupt hier zwey Fragen. Die erste: sollte er der Cassandra ein Untergewand lassen? und die zweite: welche Art von den damals bey den Griechinnen üblichen Untergewändern schickte sich hier am besten? Nimmt man an, was nach dem Zusammenhange der Geschichte vorausgesetzt werden mufs, dafs sich Cassandra mit mehrern Trojanerinnen (*Virgil. Aen. II*, 516.) beym ersten Schrecken aus ihrem Thalamus in den Tempel der Minerva flüchtete: so hatte sie nicht Zeit gehabt, ihre übrigen Gewänder zu umgürten und anzulegen. Sie flüchtet im blofsen Untergewand, und wirft nur noch einen Mantel über sich, den auch unser Künstler im Rücken der Cassandra angedeutet hat. Diefs Untergewand, oder diese *tunica*, wie sie die spätern Römer nannten, vertrat nemlich in den Zeiten der gröfsern Cultur und Bequemlichkeitsliebe unter den Griechen völlig die Stelle unserer Hemden, lag enger an dem Körper an, ward nie gegürtet, und unterschied sich eben dadurch von einem andern Untergewande, welches über diesem getragen, und ordentlich geschürzt und gegürtet wurde. [56]

---

56) Saumaise hat es schon in seinem gelehrten, aber verworrenen Commentar zum *Tertullian de pallio* p. 577-81 weitläuftig bewiesen, dafs Männer und Frauen bey den Griechen ein doppeltes Untergewand trugen. Nur unterscheidet er die stufenweisen Fortschritte des Luxus in verschiedenen Zeitaltern nicht genau. Die Weiber hatten gewifs die doppelten Untergewänder schon lange getragen, ehe diese weichlichere Sitte auch von den Männern angenommen wurde. S. Wesseling zum Herodot p. 120, 6. Die strengern Philosophen behielten auch dann, als es bey den Männern gewöhnlich worden

Jenes zunächst an den Körper anschliefsende Untergewand (χιτωνίσκος, *tunica interula, intima, Gell. X,* 15.) behielten die Frauen auch des Nachts an, und wenn daher gesagt wird, eine Frau sey im Schrekken oder bey andern Unfällen, nur mit einem einzigen Gewande bedeckt, aus ihrem Lager aufgesprungen: so ist diefs immer von diesem innersten Untergewande zu verstehn. [57] Gerade diefs war der Fall bey der Cassandra. In der Hekuba des Euripides (933-35) erzählt der Chor der Trojanischen Frauen, was mit ihnen in jener grausenden Nacht, da Troja erobert wurde, vorgegangen sey: „Nur von einem einzigen Gewande bedeckt, verliefs ich mein Lager, wie ein Dorisches Mädchen. Vergeblich safs ich Unglückliche auf dem Altare der erhabenen Artemis. Nun wird es schon begreiflicher, wie der Künstler auf die Idee kommen konnte, die aus dem Bette plötzlich aufgescheuchte Cassandra gerade in einem solchen Untergewande abzubilden, wie es die Athenerinnen und übrigen Griechinnen Ionischen Stammes

war, ein zweites Untergewand oder Hemds zu tragen, die alte Gewohnheit bey, und trugen nichts als die obere gegürtete *tunica* auf blofsem Leibe. So war Sokrates ἔχιτων. S. zu *Xenoph. Memorab. I,* 6. 2. Daher aber auch χιτωνίσκοι in der mehrern Zahl, so oft von der Kleidung einer einzelnen Frau die Rede ist. Nur müssen hierbey zwei Worte nicht verwechselt werden. Wer blofs die obere *tunica* trägt, ohne die untere, wie die Philosophen, heifst ἔχιτων; wer blofs die untere trägt, ohne die obere, μονόχιτων.

57) Wenn *Diodor XVII,* 35. *T. II. p.* 186. die Jammerscene unter den Persischen Frauen nach dem Treffen bey Issus schildert, so sagt er unter andern: „Frauen, die sonst nicht den geringsten Theil ihres Körpers entblöfst sehen liefsen, sprangen jetzt, kaum mit einem einzigen Unterkleide bedeckt (μονόχιτωνες) aus ihren Zelten." So springt die vom Drachenabentheuer aufgeschreckte Alcmena ἀνεῖσα aus ihrem Bette beym *Pindar Nem. I.* 74. wo die Scholien erinnern: man müsse diefs nicht so verstehn, dafs sie ganz ohne Gewand aufgesprungen sey, ἀλλ᾽ ἐν τῷ χιτωνίῳ ἀνεῖσα. Und so sagen auch die Trojanerinnen in der oben angeführten Stelle der Hekuba des Euripides 933. sie hätten das Bette verlassen μονόπεπλοι.

zu seiner Zeit auch des Nachts zu tragen pflegten. Man muſs nur hierbey folgende Beobachtung nicht aus den Augen verlieren: Die älteste, äuſserst einfache Kleiderordnung der Griechinnen kannte nur Ein Untergewand, oder *tunica*. Diese wurde, so bald man ausgieng, stets gegürtet, wodurch man sie nach Belieben mehr oder weniger über die Knie, herabziehen konnte. Sie hatte nie Ärmel, sondern bestand überhaupt nur aus zwei äuſserst kunstlos zusammengenähten Hälften, [58] in welchen die Naht unterhalb der Achseln aufhörte, um den hier hervorgehenden Armen Platz zu lassen. Über beiden Schultern wurde sie durch zwey Schnallen festgehalten. [59] Diefs war und blieb die Tracht aller Frauen vom Dorischen Stamme. Die jüngern Ionerinnen, oder die Frauen des Stammes, bey dem Cultur und alle Bequemlichkeiten des Lebens bald allgemeiner bekannt wurden, nahmen bald ein zweites inneres Untergewand mit Ärmeln noch unter diese allgemein getragene *tunica*, und machten selbst bey dieser obern *tunica* die Veränderung, daſs sie die Schnalle über den Schultern ganz ablegten. Die Frauen des Dorischen Stammes aber behielten jene einfache *tunica* noch lange

---

58) Diese zwei Hälften hieſsen ἐπωμίς oder ἐπωμύς nach dem Zeugnisse des Pollux VII. 62. dessen Onomasticon ich überhaupt eine weit deutlichere Einsicht in die verwickelte *res vestiaria* der Griechen zu danken habe, als allen gelehrten, und aus den ungleichartigsten Citaten zusammengesetzten Compilationen des Saumaise und Albert Rubens. Die einfache Zusammensetzung dieser *tunica* hat schon Winkelmann Gesch. der K. S. 454. Wien. Ausg. richtig angegeben, nur daſs er das bloſs auf die nemliche *tunica* einschränkt, was von ihr ohne Rücksicht des Geschlechts im Allgemeinen gilt.

59) Zuweilen ist die Schnalle über der rechten Schulter gelöst, und dann erscheint die ganze rechte Brust entblöſst. Diese ist bey den Abbildungen der Amazonen auf alten Denkmalen charakteristisch. S. Winkelm. *Monum. Ined. n.* 138. 139. *Museum Capit. T. IV. tab.* 33. v. Ramdohr über Malerei und Bildhauerei in Rom Th. I. S. 96. Man sieht, wie wenig diefs mit der Bekleidung der Cassandra auf unserer Vase übereinstimmt.

bey. Sie wurde für die Frauen dieses Stammes charakteristisch, und man nannte diess: sich Dorisch tragen (δωριαζειν.) [60] Besonders blieben die Spartanischen Mädchen selbst dann, als auch die übrigen Dorierinnen sich zu einem zweiten Untergewande bequemt hatten, hartnäckig bey dieser ursprünglichen Kleidung, und mussten sich daher allerley Witzeleyen der übrigen Griechen und vorzüglich der Athener über diese leichte Nymphenkleidung gefallen lassen. [61]

60) Am deutlichsten lernt man zum Theil diese Sache aus den gelehrten Scholien, die Sylburg in seinen Anmerkungen zum Clemens Alexandr. p. 532, edit. Sylb. b. excerpirt, und auch schon Wesseling zum Herodot S. 416. 82. benutzt hat. „Man trug Untergewänder ohne Ärmel, wo der Arm von der Schulter an unbedeckt war. Diess sieht man aus den alten Bildsäulen und Gemälden (και τουτο δηλον οτι των παλαιοτερων αγαλματων και εικονων των γυναικων.) Von Frauen, die diess Untergewand ohne Ärmel trugen, sagte man, sie dorisirten (δωριζειν.) denn auch die Lacedämonier sind Dorier. Die aber im Gegentheil Gewänder mit Ärmeln trugen, jonisirten (ιονιζειν.) Und diese waren die Athenerinnen." Nur ist hier der Umstand nicht bemerkt, dass die Ionierinnen und Athenerinnen nicht bloss tunicas mit Ärmeln, sondern auch doppelte tunicas trugen, da hingegen die ächten Dorierinnen nur mit einer tunica, und auch dieser ohne Ärmel, bekleidet waren. So erscheint die Melissa Peloponnesisch d. h. Dorisch bekleidet in einem Fragment des Pythanetus beym Athenäus XIII. p. 589. F. Diess wird dort erklärt, sie wäre gewesen εναπεχρυσος και μοσχινον, ohne Oberkleid und in einer einzigen tunica, und diese leichte, einfache Unterkleidung tragen hiess nun eben δωριζειν oder δωριαζειν. Siehe die Stellen aller Griechischen Lexikographen und Scholiasten zusammen gestellt bey Fischer zu Anakreons Fragmenten S. 404. N. Ausg. Der spätere Luxus der Dorierinnen vervielfältigte die Agraffen oder Schnallen an beiden Schultern, und so entstand erst eine Art von kurzem Ärmel, dessen Schlitze mit drei und mehrern Schnallen der Reihe nach zusammen geheftelt war (περιπορη, ιμπερισμα, χιτων σχιστος.)

61) Die Sage, dass die Spartanerinnen das Gracca res nil velare so weit trieben, dass sie die zwey Hälften der tunica von unten nicht ganz zusammleiteten, sondern durch die offenen Schlitze beide Hüften bloss zeigten; (Φαινομηριδες. S. die Hauptstelle beym Pollux VII, 55.) ist wohl nur durch Attische Tragiker (Eurip. Andr. 596. Sophokl. Fragm. T. IV. p. 611. Brunk) und Attische Künstler (z. B. die Lucernae saltantes von Kallimachus, Plin. XXXIV, 8. s. 34. vergl. Lanzi in Museo Capit. p. 56) veranlasst worden. Erstere

Aber auch die Künstler behielten diese ursprüngliche, einfache Bekleidung, als die ächte, antike Tracht der Göttinnen und Heroinen, um so geflissentlicher bey, je mehr sie Vermischung der Gewänder mit dem Nackenden darbot, und so erhob sie sich endlich zum festgesetzten Künstlerkostum in allen den Fällen, wo leicht bekleidete weibliche Figuren, als Amazonen, Bacchantinnen, Tänzerinnen, Nymphen u. s. w. vorgestellt werden sollten. Das innerste Untergewand, welches wirklich Ärmel hatte, kommt fast nirgends auf Kunstwerken des hohen und schönen Styls vor, so gewöhnlich es auch damals im gemeinen Leben schon wirklich seyn mochte. Unser Künstler hatte indessen seine besondern Gründe, hier von der allgemein angenommenen Kunstgewohnheit abzugehen. Er zeichnete das damals übliche Nacht- und Untergewand, nicht die Dorische, ein- oder zweimal gegürtete *Tunica*. Daher das Auffallende und Befremdende für das an die Betrachtung alter Kunstwerke gewöhnte Auge in der hier vorkommenden Bekleidung, in deren Wahl jedoch der Künstler den feinsten Geschmack bewiesen hat.

Da übrigens bey einer solchen Untersuchung nichts zu klein oder geringfügig genannt werden kann, so dürfen selbst die Armbänder nicht unbemerkt bleiben, mit denen Cassandra hier geschmückt erscheint. Der Alterthumsforscher wird vielleicht hieraus zu beweisen suchen, daß auch im Homer ein gewisses Wort mit den alten Scholiasten eher von Armspangen, als von Ringen zu erklären sey. Allein dem Künstler war es wahrscheinlich hierbey um weiter

---

erlaubten sich aus Nationaleifersucht solche Übertreibungen, wofür sie auch Heyne *de Spartanorum institutis Comment.* I, p. 22, in *Comm. Gott. T. IX*, erklärt, und die Künstler benutzten mit Vergnügen eine Erdichtung, die der Kunst so günstig war.

nichts zu thun, als den vornehmen Stand der Person, die er damit
ausschmückte, desto deutlicher hervor zu heben. ⁶²)

VIII.

Nicht weniger Einsicht und Gelehrsamkeit läfst sich nun auch
an der dritten Figur auf unserem Gemälde, der Bildsäule der Pallas, bemerken, die den Untersuchungen der Alterthumsforscher gewifs nicht weniger Befriedigung gewährt, als den prüfenden Blicken
des Kunstkenners. Der verständige, mit dem grofsen Bilde der zürnenden Gottheit erfüllte Künstler verläfst die alte, von den cyclischen Dichtern bis zu den Tragikern und bis zu Lycophrons Alexandra herab fortgepflanzte Sage, ⁶³) nach welcher das Bild der Pal-

---

62) Das streitige Wort im Homer Iliade
XVIII, 400 heifst δίναις, welches neuerlich auch
Köppen und Vofs nur von Ringen überhaupt erklärt haben. — Dafs die Künstler durch
Andeutung dieser Armspangen besonders an
nackenden weiblichen Figuren den vornehmen
Stand bezeichneten, ist aus der Betrachtung
alter Kunstwerke jedem, der auch nur ein
paar Kupferbücher durchgeblättert hat, bekannt. Es scheint, man legte diesen Schmuck
selbst beym Schlafengehn nicht ab, daher ihn
auch Cassandra hier behalten hat. Man denke
nur an die schlafenden Hermaphroditen, und
an die so sehr vervielfältigten schlummernden
Ariadnen, deren Armbänder sogar für wirkliche Nattern gehalten und fälschlich auf Vorstellungen einer sterbenden Cleopatra gedeutet
worden sind.

63) Diese Sage war so allgemein, dafs, als
in der Folge ein Dutzend Städte sich über den
Besitz des wahren Palladiums stritten, man
auch diefs Wunder bey ähnlichen Veranlassungen vervielfältigte. S. die Hauptstelle beym
Strabo VI. p. 405. A. B. Wahrscheinlich
lag bey vielen die Unkunde der alten Künstlergewohnheit zum Grunde, nach welcher die
Bildsäulen verdrehte oder gar verschlossene
Augen zu haben schienen. S. Visconti zur
Danaide im Pio-Clementinischen Museum,
oder T. II. p. 5. not. C. Ähnliche Legenden
erzählte man auch von den Bildsäulen anderer
Gottheiten z. B. der Juno zu Lacinium beym
Athenaeus XII. p. 521. F. G. vergl. Heyne
Opusc. Acad. T. II. p. 174. Besonders gefällt
sich Ovid in der Anwendung dieser Idee auf
ähnliche Geschichten, z. B. Metamorph.

las die Augen mit Abscheu wegkehrte. Was beym Dichter lebendiger Ausdruck des gereitzten Unwillens und Abscheues war, artete beim Künstler, der diesem Gedanken Gestalt und körperliche Bezeichnung geben wollte, entweder in eine häfsliche Verzerrung, [63] oder, wenn ihn auch davor sein guter Geschmack bewahrte, wenigstens in eine undeutliche und flache Bildung aus. Noch weniger konnte er es von sich erhalten, die Pallas gleichsam über ihrem eigenen Bilde schwebend und auf den dabey begangenen Frevel hinweisend vorzustellen, wofür man die auf der oben beschriebenen Nolanischen Vase bey Passeri und D'Hancarville angebrachte, oberhalb des Bildes schwebende weibliche Figur zu halten geneigt ist.[65] Der Genius unsers Künstlers wufste dem todten Bilde selbst einen belebenden Odem einzuhauchen, und es gelang ihm, wie schon mein Vorgänger so richtig bemerkt hat, durch den glücklichen, dichterischen Gedanken, dafs er das Bild den Speer gegen den Frevler selbst kehren, und ihm dadurch Rache und Verderben androhen läfst. Es ist nun nicht mehr das hölzerne Schnitz- und

---

IV, 799, wo Medusa im Tempel der Pallas vom Neptun geschändet wird, *aversa est et castos aegide vultus Nata Jovis texit*. So die Cybele in der Geschichte der Atalanta, *sacra retorserunt oculos, turritaque mater. X, 696.*

64) „Der Künstler, sagt Lessing mit Recht, wird keine Geberde nachahmen, durch welche das ganze Gesicht verzerrt wird." Siehe die schöne Bemerkung über die *Iuno statua* des Juvenals, die wir Herrn Hofrath Eschenburgs Mittheilung verdanken in Lessings vermischten Schriften Th. X. S. 244.

65) *Passeri* an tab. CCXCI'L. T. III. p. 72. „*Supra Palladis simulacrum conspicitur sedens ipsum deae numen, manum extendens supra illius imaginem in signum protectionis, sive prohibens, ne tale facinus perpetretur.*" Die Idee, neben dem Bilde der Gottheit noch eine zweite Figur zu stellen, die gleichsam den Genius des Bildes ausdrückt, kömmt häufig auf Vasen vor, und Heyne *de vestigiis domesticae relig. in Art. Etrusc. opp. Nov. Comment. Getting. T. VI, P. II, p. 45.* rechnet sie zu den Etrurischen Religionsideen.

Bildwerk, es ist die rächende Pallas selbst, die sich furchtbar erhebt, und vorwärts senket die Lanze [66]

> Schwer und groſs, und gediegen, womit sie die Schaaren
> der Helden
> Bändiget, welchen sie zürnet, die Tochter des schrecklichen
> Vaters.

Man hat in Virgils Aeneide die Stelle mit Recht bewundert, und als erhaben gepriesen, da das vom Diomed und Ulysses entführte Palladium im Lager der Griechen ankömmt (*Aen. II*, 172-75.)

> Auf immer war Athenens Gunst entwichen.
> Bald zeigte sich in fürchterlichen
> Erscheinungen der Göttin Strafgericht.
> Kaum steht das Bild im Lager still, so blitzen
> Die offnen Augen und die Glieder schwitzen,
> Und dreimal springt, entsetzliches Gesicht!
> Mit Schild und Speer und wüthender Geberde
> Die Göttin hoch empor von der bewegten Erde. [67]

Der Künstler hat, so weit es ihm die Schranken seiner Kunst gestatten, uns eine nicht weniger majestätische Vorstellung seiner zürnenden Pallas gegeben, und je einfacher das Mittel ist, dessen er sich dazu bediente, desto stärker war der Eindruck, den dieſs beson-

---

66) Iliade V, 746. nach Voſs.

67) Schiller N. Thalia 92. 1. 95. Ich habe mir eine Veränderung in den drei letzten Versen erlaubt. Nach Schiller steigt die Göttin, verschieden von ihrem Bilde, aus der zerrissenen Erde. Ein solches Hervorsteigen *from the yawning depth* ist wohl sehr schön in der neuen Shakspearischen Geistermaschinerie, aber gar nicht im Geiste Virgils und des Alterthums, am wenigsten bey einer Olympischen Göttin.

ders auf seine Zeitgenossen machen mufste, in deren Ideenkreise solche Wunderzeichen belebter Bildsäulen nichts Widersprechendes hatten. [68]

Das Genie des Künstlers zeigt sich uns aber auch ferner in der Stellung und Form des ganzen Bildes. Es steht auf einer kanelirten, über den Altar hervorragenden Säule, der gewöhnlichen Basis alter und durch die Kunst noch nicht ganz ausgearbeiteter Bildwerke, [69] und ist mit vieler Einsicht vom Künstler der antiken Form des ächten Palladiums, so wie es von den Alten beschrieben wird, in allen den Theilen nachgebildet worden, worinnen ein höheres Gesetz der Kunst ihm nicht davon abzuweichen befahl. Das merkwürdigste hierbey ist ohne Zweifel das auch vom Apollodor (III, 12. 3. p. 245. Heyn.) ausdrücklich am Palladium bemerkte Geradlinigte und Enggeschlossene an den Füfsen unserer Bildsäule, dem bekannten Merkmale der ältesten Bildnerei vor der Periode, die man gewöhnlich mit dem erdichteten Namen des Dädalus bezeichnet. [70] Denn in den noch vorhandenen Münzen und Gem-

---

68) Ich erinnere hier nur an das Bild der Argivischen Juno beym Herodot VI, 81. an das bey den spätern Römern so oft mit Sohnopfern abgebüfste Wunderzeichen, die *hastae motae* u. s. w. und an die jedem Bilderdienst untertrennlich anklebende Vorstellung der jeder Bildsäule einwohnenden Gottheit. S. Spanheim zu Kallim. 8. 601. Ern.

69) S. zu Iulius Obsequens *de prodig.* C. 6o.

70) Nicht Nachbildung der lebenden Natur, denn der Naturmensch steht nie mit eng zusammengeschlossenen Füfsen — sondern Ägyptisches Todtenkostum brachte die älteste Sculptur auf die senkrecht anliegenden Arme und gestreckten Füfse. Diefs hat schon *Guasco de l'usage des statues* c. III, p. 32, sehr wahrscheinlich gemacht. Vergl. Lessings feine Bemerkungen in Verm. Schr. X. S. 37 ff. Bromley, der neueste Geschichtschreiber der Kunst, weifs von allem diesem keine Sylbe, da in seinem D'Hancarville nichts davon vorkommt. S. *History of the fine Arts* (London 1793. 4.) T. I. p. 271. Den Unterschied zwi-

men, [70] wo das Palladium entweder allein, oder, wie in der bekannten Gemmenfamilie, die den Diomedes mit dem geraubten Palladium vorstellt, in den Händen eines Heros abgebildet wird, sind die untern Theile um die Füfse fast nur wie ein Griff von Holz, ohne alle Bezeichnung der Füfse, angegeben; und so ist unser Vasengemälde vielleicht das einzige Denkmal, das uns jetzt die Idee ganz deutlich angiebt, die man mit den eng geschlossenen Füfsen des Palladiums zu verbinden pflegte. [71]

Man mufs indefs die Behauptung, dafs der Künstler bey seiner Darstellung der Pallasbildsäule in einigen Hauptzügen das alte ächte Palladium abzubilden gesucht habe, nicht so verstehn, als wenn er geglaubt hätte, es sey der Raub der Cassandra wirklich vor jenem alten Trojanischen Schutzbilde und Reichskleinod vorgegangen. Einem so gelehrten Künstler konnte es unmöglich unbekannt seyn, dafs diefs Palladium schon vor der Eroberung Troja's durch die

---

schon ἐναργῆ συμβολήματα und καθεστηκότα in den ältesten Kunstwerken hat bereit Jos. Scaliger ad Euseb. DCCXXXVII. p. 45 gelehrt gezeigt. Vergl. Wesseling zum Diodor T. I. p. 111, und ein ganzes Heer von Citaten in Fischers Index zum Palaphatus s. v. βρέτας. Ich bemerke hier nur noch, dafs in einer bisher übersehenen Stelle des Philostr. V. A. T. IV. 38. p. 169. Olear. wo von einer alten Bildsäule des Milo zu Olympia die Rede ist, nach den Worten καὶ ἑαυτὸν die Worte καὶ ταῦτα von den Abschreibern ausgelassen, und ohne Bedenken in den Text aufzunehmen sind.

71) S. die Münzen bey Fontenu in der Histoire de l'Academie des Inscript. T. V. p. 265.

Vergl. Rasche in Lexico Rei Num. T. III. P. II. p. 420. Die Gemmen in Tassie's Catalogue 9385-9472.

72) Selbst über das mit unserer Vase so genau verwandte Marmorrelief in den Borghesischen Kellern drückt sich Winkelmann in Absicht auf diese eng geschlossenen Füfse so aus, als wenn er diese nur undeutlich daran gefunden hätte: „l'immagine del Pallade — dal mezzo in giù è una erma pura, se un paneggiamento di pieghette sinitte e basse, che rivestono questa parte, e un apparenza di piedi paralleli e insieme stritti non mi mentiscono." Monumenti Antichi, Trattato Preliminare p. XL

List des Ulysses und Diomedes aus der Burg von Ilium entführt worden war. In der gegründeten Voraussetzung aber, daſs es in der Burg von Ilium mehrere Bildsäulen der Pallas gegeben haben müsse, [73] durfte er auch annehmen, daſs alle diese Bildnisse mehr oder weniger Ähnlichkeit mit dem vom Himmel gefallenen Urbilde gehabt haben würden, und er behielt also auch hier so viel von der historischen Wahrheit in der Darstellung jener antik geformten Bildsäule bey, als sich nur immer mit den Regeln der Kunst vereinigen ließ. Noch weniger aber durfte er sich daraus ein Bedenken machen, daſs er seinem Bilde die zu seiner Absicht allein schickliche **stehende** Stellung gab; ob es gleich sehr wahrscheinlich ist, daſs das Bild, vor welchem dieser Frevel vorgieng, eben das gewesen seyn müsse, zu welchem Hekuba mit ihren Töchtern die feierliche Procession anstellte, um in seinem Schooſse das heilige Gewand niederzulegen, (Iliade VI, 92, 271-304,) welches nur bey einem sitzenden Bilde gedenkbar ist. [74]

---

73) Mehrere Dichtererzählungen und Überlieferungen von der Eroberung Troja's lassen sich gar nicht vereinigen, wenn man nicht annimmt, daſs schon die cyclischen Dichter mehrere Bildsäulen der Pallas in der Burg von Troja sich gedacht haben. S. Heyne zu *Virgil. Aen. II. Excurs. IX.* p. 5-11.

74) Siehe die Hauptstelle beym *Strabo XIII.* p. 897. B. C. Man darf hierbey nur nicht vergessen, daſs die ganze Erzählung von dem eigentlichen Palladium erst von den spätern cyclischen Dichtern in Umlauf gesetzt worden ist, und daſs Homer von der kleinen stehenden Pallasfigur, dem ἕδος διιπετές, noch gar nichts gewuſst habe. Er kennt nur die **sitzende** Pallas auf der Burg, in deren Schooſs in der bekannten Stelle in der Iliade das Peplum gelegt wird. Burmann, der dieſs übersah, muſste daher zu einer sehr gezwungenen Erklärung seine Zuflucht nehmen. S. zu *Ovid. Fasti VI.* 423. Merkwürdig ist es, daſs diese **sitzende** Minerva noch jetzt in der Nachbarschaft des alten Troja, in der Kirche des Dorfes Jeni-scher auf dem Relief zu sehen ist, zu welchem die Sigeische Inschrift gehört. S. die Abbildung in *Chandler's Ionian Antiquities Vol. I. Preface p. II.* und vergleiche Lechevaliers Beschreibung der Ebene von Troja S. 23. f.

Selbst das Gewand der hier vorgestellten Bildsäule könnte dem
Alterthumsforscher reichen Stoff zu Untersuchungen darbieten. Er
würde uns zuförderst daran erinnern, dafs die Bildsäulen in den
Tempeln der Alten, wie die Madonnen und Heiligenbilder in den
Kirchen des katholischen Ritus, ihre eigenen oft sehr ansehnlichen
Garderoben und Kleidervorräthe hatten, und dafs besonders die Bil-
der der Pallas reichlich mit diesen geweiheten Gewändern ausge-
stattet wurden. Das Kleid, in dem wir ihr Bild hier erblicken,
wird er sogleich für ein Peplum von der kürzern, enger an
den Leib anschliefsenden Gattung erklären, die man nicht als Mantel umzuwerfen, sondern als Leibrock anzuziehen pflegte, [75] aber
auch dabey bemerken, dafs die Vorstellung dieses kürzern Peplums
auf alten Denkmalen äufserst selten, und daher um so merkwürdi-
ger auf dem unsrigen sey. Besonders wird er unsere Aufmerksamkeit auf die kleinen Pünktchen zu lenken suchen, die wir auf diesem Gewande finden, und sie auf eine Art von künstlichem Gewebe
deuten, wo mit durchgezogenen Gold- und Silberfaden Sterne oder
auch rautenförmige Vierecke dem Grunde des Gewandes eingewirkt
(*opus plumatile*) oder eingenäht (*opus Phrygionium*) wurden; eine
Art von Orientalischer Kleiderpracht, die erst über Vorderasien und
Phrygien den Griechen bekannt wurde, und von welcher sich nur
wenige Spuren in den alten Denkmalen erhalten haben. [76]

---

75) Noch herrscht in der Bestimmung dieses Kleidungsstücks in vielen Kunstbüchern
eine grofse Verwirrung. Z. B. bey Lens
vom Kostum der Alten S. 42. Selbst
Winkelmann hat nicht alles genau unterschieden. Der Fehler liegt darinnen, dafs man das
Wort πέπλος, das doch schon nach seiner Ety-

mologie (πέπλος, πέπλος von πέπω und πάλλω
S. Lennep. Etymolog. p. 757.) jeden den Körper umschliefsenden engen oder weiten Rock
(robe, gown) bezeichnet, zu einem speciellen
Kleidungsstuck machen wollte.

76) Gewänder, in die dergleichen Sterne
eingestickt oder eingewebt waren (ἄστρα ἐμ-

Endlich würde er selbst die Ohrringe nicht unbemerkt lassen, die eine wiederholte Betrachtung unserer Vase an der Bildsäule der Minerva uns entdecken läfst, und es würden ihm hierbey die berühmtesten weiblichen Köpfe und Statuen aus dem Alterthume beyfallen, bey welchen die durchbohrten Ohrläppchen eine ähnliche Ausschmückung voraussetzen lassen. 77)

Hätte Winkelmann diefs Vasengemälde gekannt, so würde er zwar unserm Künstler auch in der Zeichnung der Bildsäule der Pallas die Gelehrsamkeit nicht abgesprochen haben, aber dabey hätte er eine zwiefache Sünde des Künstlers gegen das Übliche gewifs nicht ungeahndet gelassen. Die Säule sowohl, auf welcher das Bild steht, als der Tronk, der den Altar vorstellt, hat Ionische Kapitäle;

φοροντι, Poll. X, 43.) gehören überhaupt zu der Art von Kleidung, welche die Griechen καταςτι- κτας, χρυσοπαςτας, die Römer vestes pictas nannten. Was Sueton in Neron. 25. chlamydem stellis distinctam nennt, übersetzt der Epitomator des Dio LXIII, 20, p. 1040, ἀλουργίδα χρυσοπαςτον. Schon die Alten merkten solche Gewänder auf Kunstwerken als Seltenheit an. S. Pausan. VI. 25. p. 517. Wo sie auf noch vorhandenen Kunstwerken vorkommen, deuten sie auf eine Versetzung unter die Sterne, wie bey den Hesperiden auf der berühmten Hamiltonschen Vase, und beym Gott Luuus, oder auf eine Vergötterung überhaupt, wie bey der Alkmene auf der bekannten Vase bey D'Hancarville T. IV. n. 105 und beym Bacchus Nyctileus in Visconti's Anmerkungen zum Mus. Pio-Clement. T. I. p. 81.

In Beziehung auf die Apotheose trug es auch Demetrius Poliorcetes beym Athen. XII. 9. p. 535. F. und Nero. Auch Priester im festlichen Ornate erscheinen zuweilen in einem solchen Gewande. Vergl. D'Hancarville T. III. tab. 47. Bey unserer Minerva würde ich es am liebsten aufs Phrygische Costum beziehen, und die picturatas auri subtemine vestes beym Virgil, das aurum vestibus illitum beym Horaz II. Od. 9. 12. daraus erklären. Denn bey den Phrygern war dieser Luxus sehr alt, und viele Jahrhunderte früher, als die Erfindungen des Attalus. S. Beckmanns Beyträge zur Gesch. der Erf. Th. III. S. 64 f.

77) S. Winkelmann Gesch. d. K. S. 430. Wien. Ausg.

eine architektonische Verzierung, an die in jenem frühen Zeitalter, wohin die Geschichte gehört, noch niemand gedacht hatte. [78] Ferner: das Schild, welches die Pallas schützend vor sich hinstreckt, hängt mit einer sehr deutlich ausgedrückten Handhabe am Arme der Göttin. Diese war, dem einstimmigen Zeugnisse des Alterthums zu Folge, im Homerischen Zeitalter noch nicht gebräuchlich. [79] Also ein doppelter Verstofs gegen die Sitten der Zeit, wohin diese Vorstellung gesetzt werden mufs. — Kennern, die eine heilige Familie von einem Schüler Raphaels noch immer bewundern können, wenn auch der Stall mit Korinthischen Säulen ausgeschmückt ist, mufs

---

78) Eine ähnliche Ionische Säule kommt auf einem geschnittenen Steine vor, der die Opferung der Polyxena am Grabe des Achilles vorstellt, in den *Monument. Antichi* n. 141. Winkelmann nennt diefs in der Erklärung *P. II. p.* 191. einen Künstleranachronismus, weil die Ionische Säulenordnung im Homerischen Zeitalter noch nicht vorhanden war. Aber die gröfsten Künstler des Alterthums nahmen es hierinnen durchaus nicht so genau, und daher würde auch der Vorschlag, das Alter der Kunstwerke nach den darauf befindlichen architektonischen Verzierungen zu bestimmen, zu nichts, als leeren Hypothesen führen. So suchte *Passeri Paralip. ad Dempster. p.* 5. vergeblich auf Griechischen Vasen Spuren der Toscanischen Säulenordnung. Vergl. *Buonarota ad Dempster §.* 37.

79) Homers Helden tragen die Schilde an Riemen über den Leib, die an zwey Häkchen oder Stäbchen (κανόνες) an beiden Enden der Schilde befestiget waren. S. die Scholien zur Iliade VIII, 193. und *Eustath. p.* 707, 57. Rom. Später erst sollen die kriegerischen Carier die Bequemlichkeit erfunden haben, in der Mitte des innern Schildes einen Riemen, oder eine lederne Handhabe anzubringen, durch welche man den Arm steckte, (ὄχανα, πόρπη) S. Herodot I, 171, und Fischer zu Anakreons Fragm. LXXII, p. 403. Nun werden aber diese vorgeblich später erfundenen Handhaben schon auf allen Kunstwerken gefunden, die Trojanische Geschichten enthalten. Winkelmann erklärt diefs in einer weitläuftigen Anmerkung in allen diesen Kunstwerken geradezu für einen Verstofs gegen das Übliche. *Monument. Antich. P. II. p.* 143. Die ganze Sache ist noch nicht genug aufgeklärt. Ohne Handhabe von innen konnten auch die Schilde der Homerischen Helden nicht seyn. Die Stelle im Herodot verdient auch noch in andrer Rücksicht eine besondere Prüfung. Vergl. Martini zu *Lens Kostüm der Völker des Alterth. p.* 100.

jeder Versuch, den Künstler gegen diese Vorwürfe zu rechtfertigen, äufserst überflüssig scheinen. Wer aber doch noch eine Vertheidigung verlangte, den dürfte man nur fragen, warum er unsern Künstler nicht auch defswegen tadle, dafs er den Ajax nicht in völliger Waffenrüstung und in dem Leinewandpanzer, den ihm Homer giebt, sondern, dem allgemeinen Künstlerkostum gemäfs, nackend und in der Chlamys vorgestellt habe? „Wo alle übrige Vollkommenheiten, sagt schon der Vater des Deutschen Kunstgeschmacks, Hagedorn, genau beobachtet werden, mag mich leicht ein Gemälde durch seine bezaubernde Gewalt täuschen, wenn dieses oder jenes Nebenwerk gleich gegen den eingeführten Gebrauch streitet."

Als Nebenwerke verdienen vielleicht selbst das Votivschild, welches hier an die Wand des Tempels aufgehangen ist, und das sonderbare Laubwerk auf dem Boden von einem sorgfältigen Beschauer unsers Gemäldes nicht ganz übersehen zu werden. Zwar waren geweihete Schilde in allen Tempeln gewöhnlich, und die darauf angebrachten Gemälde und Inschriften dienten in spätern Zeiten den Kunstliebhabern und Geschichtforschern als Gemälde- und Urkundensammlungen. Aber nirgends waren doch diese Votivschilde schicklicher angebracht, als in den Tempeln der kriegerischen und Städte-schützenden Pallas; und man mufs gestehn, dafs der Künstler, hätte er auch bey diesem nachlässig hingeworfenen Schnörkelwerke weiter nichts zur Absicht gehabt, als seinen Pinsel von der noch übrigen weifsen Farbe zu entledigen, doch auch zu dieser Absicht nichts passenderes wählen konnte, als einen geweiheten mit herabhängenden Binden (*taeniis*) nach Art aller Donarien bebänderten Schild. Welchem Baume oder Staudengewächse der hier angedeutete Zweig eigentlich zugehöre, möchte wohl selbst für den geübtesten

Botaniker und Dendrologen eine sehr räthselhafte Aufgabe seyn. [80] Der Künstler wuste diefs bey solchem auf alten Vasen häufig vorkommenden Zweig- und Laubwerk aller Wahrscheinlichkeit nach selbst nicht genau. Als man in der Folge zu den Zeiten des gesunkenen Geschmacks gerade in diesen Nebenwerken am meisten zu künsteln anfieng, entwickelte sich vielleicht hieraus die so oft bewunderte und getadelte, üppige Baumarabeske, [81] wie wir sie noch jetzt so häufig auf den Herculanischen Gemälden und andern gleichzeitigen oder noch spätern Kunstwerken antreffen. [82]

---

80) Nichts wäre lächerlicher, als auch in solchen Spielwerken des Pinsels eine besondere Bedeutung zu suchen. So erdachte der alles deutende Passeri eine eigene Sitte der Etrurier, dem Genius zu Ehren einen grünenden Zweig in die Erde zu stecken, um diefs auf Vasen u. D. auf einer Mediceischen bey Dempster *in Etruria regali T. II. p.* 4., häufige Laubwerk recht gelehrt zu erklären, in den *Paralipom. ad Dempst. p.* 17. Weit vernünftiger urtheilt Winkelmann bey Gelegenheit eines gleichfalls nicht zu bestimmenden Baumes auf einer Stoschischen Gemme *Monum. Ant. n.* 68. p. 93. Heyne schliefst aus dergleichen Ornamenten auf die Prachtliebe der Etrurier. S. *Etruscorum antiquitas a commentitiis interpretamentis liberata* in *Nov. Comm. T. VII. P. II. p.* 47.

81) S. Fiorillo über die Groteske (Gött. 1791.) S. 7.

82) Herr Meyer hat mir hierüber auf mein Befragen noch folgende feine Bemerkung mitgetheilt: „Ich möchte vermuthen, dafs die Pflanze nicht ganz absichtslos da steht. Vielleicht bedeutet sie eines von den heiligen Gewächsen, die in den Vorhöfen der Tempel angepflanzt waren, wie der heilige Lorbeer zu Delphi, der heilige Ölbaum zu Athen, die Palme zu Delos u. s. w. Vielleicht wollte auch der Künstler dadurch den Ort bezeichnen, wo die Geschichte vorfiel. Denn sie scheint mit Fleifs auf die Seite, wohin der Held seinen Raub schleppen wollte, also nach aufsen, gesetzt zu seyn. Eben dahin deutet auch oben darüber das Votivschild, da dergleichen Weihgeschenke immer in den Vorhallen der Tempel aufgehangen zu werden pflegten."

IX.

Wir werfen nun auch noch einige Blicke auf die Rückseite unsers Gefäfses *tab. III.* und auf die darauf abgebildeten zwey männlichen Figuren. Es sind zwey einander gegen über stehende Jünglinge, die ihre Mäntel so um sich herumgeschlagen haben, dafs sie vom Kopf bis auf die Füfse damit umhüllt und verdeckt sind. Die Haare umschlingt eine Art von Kopfbinde oder Kranz, wodurch wahrscheinlich auf eine Feierlichkeit hingedeutet wird, bey welcher diese zwey Figuren eine Rolle zu spielen haben. Eben darauf liefse sich vielleicht das Gefäfs beziehen, das zur linken Seite an einer Wand aufgehangen ist.

Die Frage, die sich uns hier zuerst aufdringt, ob diese zwey männlichen Figuren der Rückseite in eine unmittelbare Verbindung mit der mythologischen Vorstellung der Vorderseite gestellt werden können, kann wohl nicht anders als verneinend beantwortet werden. Der Fall, dafs zwei oder mehrere, in keinem innern Zusammenhang mit einander stehende Sujets auf alten Kunstwerken, die mehr als Eine Seite haben, als Opferschalen, Urnen, Sarkophagen, Altäre u. s. w. abgebildet sind, kommt in den Beschreibungen des Pausanias, und in den noch vorhandenen Denkmalen so häufig vor, dafs eine Reihe von Beyspielen davon hier anzuführen, völlig überflüssig seyn würde. [83] Dafs nun aber auch eben

---

83) S. Heyne über den Kasten des Cypselus. S. 60-62, wo die Bemerkung, dafs die Künstler oft aus vorräthigen Zeichnungen und Modellen zusammen setzten, wie es sich gerade vorfand, nicht allein auf manche berühmte Basreliefs in Sarkophagen, deren Zusammenhang aufzufinden so oft vergeblich versucht worden ist (vielleicht selbst in dem berühmten Sarkophag auf dem Capitol, in welchem die Barberinivase gefunden wurde

diefs von den Campanischen Gefäfsen gilt, mufs einen jeden der Augenschein lehren, wer nur einmal sich die Mühe nehmen will, des *Passeri Picturae in vasculis* durchzublättern. Denn da hier sorgfältiger, als in der D'Hancarvillischen Sammlung, auch die Rückseiten der Gefäfse angegeben sind: so mufs sich ein jeder sehr leicht aus der Ansicht der auf so vielen Vasen neben einander stehenden ganz ungleichartigen Gegenstände vollkommen überzeugen können, dafs es den Malern dieser Gefäfse gar nicht darum zu thun gewesen, die Figuren der Rückseite mit der Vorderseite in Verbindung zu setzen. Diese Behauptung erhält dadurch noch einen höhern Grad von Gewifsheit, dafs selbst unter diesen Vasen bey Passeri eine grofse Menge befindlich sind, wo auf der Rückseite ganz ähnliche in Mäntel verhüllte Figuren vorkommen, auf der Vorderseite aber immer ganz verschiedene Vorstellungen abgebildet stehen. [84)] Nimmt man hierzu noch die Bemerkung, die von den genauen Beobachtern solcher Vasengemälde häufig gemacht worden ist, dafs nur die Vorderseite der meisten dieser Vasen fleifsig gemalt, die Rückseite aber vernachlässigt, oder, wenn sich auch der Künstler hier gleich blieb, wenigstens mit einem ganz

---

der gewifs von späterer Composition ist, und in dem zu Girgenti bey *Dorville* in *Sicalis* p. 90. tab. A.) sondern auch auf die meisten Campanischen Vasen, die auf der Vorderseite und Rückseite abgetheilte Vorstellungen haben, angewendet werden kann. Selbst Winkelmann, der doch sehr gern auch in das Verbindung brachte, was nur Künstlerlaune und Ohngefähr zusammengestellt hatten, sieht sich genöthigt, an mehr als Einem Orte einzugestehn, che *al.uni artefici antichi non erano tanto scrupolosi in evitare questa incoerenza nella compositione*. Monum. Antichi P. I, p. 65.

84) *Passeri* T. I. tab. XXII. LXXV. LXXXIII. LXXXVII. LXXXVIII. XC. XCIV. T. II. tab. CIII. ff. T. III. in mehr als 30 verschiedenen Vasen.

gemeinen Gegenstand bemalt worden sey: [85] so wird es noch begreiflicher, wie man auf Einem Gefäfse zwei ganz verschiedene Süjets zusammen paaren konnte.

Durch diese letztere Bemerkung würde denn auch schon die Auflösung der zweiten Frage: was denn nun eigentlich diese zwei Figuren bedeuten sollen? hinlänglich vorbereitet seyn.

Wie, wenn sowohl auf unserer Vase, als auf allen mit ihr verwandten, von einer gemeinschaftlichen Feierlichkeit die Rede wäre, die einst allen Jünglingen in einem gewissen Alter bevorstand, und wohl für wichtig genug gehalten wurde, um ihr Andenken auch durch ein kleines und leicht zu vervielfältigendes Kunstwerk, wie solche Gefäfse damals waren, zu erhalten? Wir wissen, dafs nicht blofs in Rom, sondern auch in dem übrigen Italien der zum Jüngling heran gewachsene Knabe mit einer gewissen Feierlichkeit das männliche Oberkleid anlegte, und eben dadurch in den untersten Rang eines activen Staatsbürgers eintrat, oder, mit einem Wort, ein *tiro* wurde. Der Tag, an welchem diefs geschah, hiefs in Rom *dies tirocinii*, und die Feierlichkeit, mit welcher der junge Römer oft von einem der obersten Staatsbeamten, oder wenigstens von einer andern ihm ehrwürdigen Person, diefs Kleid empfieng, *togae datio*. Diefs ist aus jedem Compendium der Alterthümer

---

85) Der Grund hiervon ist wohl darinnen zu suchen, dafs die meisten dieser Vasen nur zum Putz in Vorsälen und Tempeln an den Wänden herum aufgestellt wurden, wo man also nur die Vorderseite zu sehen bekam. S. Über die Prachtgefäfse der Alten, im Journal des Luxus und der Moden. 1792. VI. 303.

bekannt. Sollte also nicht die auch schon von andern geäufserte Vermuthung, [86] dafs alle diese auf den alten Vasen so oft vorkommenden Mantelfiguren Jünglinge wären, die das Knabenkleid nur eben jetzt mit dem männlichen Oberkleide vertauscht und die Stellung angenommen haben, die den Tironen geziemte, uns über alle diese Zweifel auf einmal befriedigende Aufschlüsse geben können? Der *tiro* mufste ein Jahr lang, so oft er sich öfentlich zeigte, beide Hände unter dem Oberkleide verborgen tragen. [87] Gerade diese sonst ungewöhnliche Verhüllung erblicken wir auf unsern Vasen. — Es waren, wenigstens in den frühern Zeiten und in dem übrigen Italien, gewisse Einweihungen, Lustrationen, Bäder damit verbunden. [88] Auf den meisten Vorderseiten der Vasen, wo auf der Kehrseite diese in Mäntel verhüllten Jünglinge vorkommen, sind Bacchanalien mit gewissen darauf in Beziehung stehenden Einweihungen, Processionen, Opfern abgebildet. — Der neu eingekleidete Tiro empfieng bey dieser Feierlichkeit ohne Zweifel gewisse Lehren und

---

[86] *Passeri* zu *tab. LXXXII*, p. 81, und besonders in den *Paralipomenis ad Dempsterum tab. X. XI.* p. 39-42. Heyne *de religiis domesticae religionis in Nov. Comment. T. VI. P. II.* p. 57. seq.

[87] Cicero spricht davon, als von einer ehrwürdigen aber nun veralteten Sitte *pro Coelio* c. 5. *Nobis quidem olim annus erat unus ad cohibendum brachium constitutus.* Man vergleiche daselbst Hotomans und des Jesuiten Abrahams Anmerkungen in der Graeviussischen Ausgabe p. 299. ff.

[88] Selbst in Rom, wo die Staatspolitik diese Weihungen nicht begünstigte, nahm man doch gewöhnlich die Toga an den Liberalien, oder Bacchusfeste, und sie hiefs daher libera. S. Ovids Fasti III. 788. Auf jeden Fall war ein feierliches Privatopfer dabey vor den Hausgöttern, *ante deos*, wie Properz sagt IV. 1, 131. In den Familien, wo gewisse *sacra* erblich waren, nahm der neu eingekleidete *tiro* wahrscheinlich zum erstenmal daran feierlichen Antheil. Selbst der Ausdruck, τελειον ἱματιον, womit die Griechen diese *toga* bezeichnen, führt auf τελεται, Einweihungen. S. Ruhnken zu *Timaei Gloss.* p. 225. ed. nov.

Vorschriften von seinem Aufseher (*custos*, [89]), theils über sein künftiges Betragen überhaupt, theils über den Anstand, den er in dieser neuen Kleidung zu beobachten hätte. Daraus läfst es sich also erklären, was bey so vielen Vasengemälden, wo ein oder mehrere Tironen vorkommen, die ältliche Figur bedeutet, die ganz in der Stellung eines Mannes, der mit jemanden in einem ernsthaften Gespräche begriffen ist, vor ihnen steht. [90] Diefs ist nun zwar auf unserer Vase der Fall nicht, wo, wie auch auf einigen andern Vasen bey Passeri, die jungen Leute ohne Dazwischenkunft einer ältern Person ganz allein abgebildet sind. [91] Da aber die hier vorgestellten Figuren jenen in allem übrigen vollkommen gleich sind, so sind

---

89) Diese Aufseher oder *custodes* begleiteten den Jüngling nicht blofs im Krieg, wie Servius (zu *Aen. V.* 546.) aus einer mifsverstandenen Stelle des Cicero, und nach ihm auch Henri Valois zu den *Excerptis Polybii* p. 31 behauptet haben, sondern sie geben ihnen auch zu Hause gute Vorschriften, wie aus mehrern Stellen des Horaz deutlich wird. Indefs kann man auch die ältlichen Figuren auf unsern Vasen für die Väter der Jünglinge, für Priester oder Magistratspersonen halten.

90) Bald scheint diese Figur, auf einen Stab von Weinrebenholz gestützt, oder auch nur mit aufgehobener Hand den vor ihm stehenden, die Hände unter dem Mantel haltenden Jünglingen, allerley Lehren zu ertheilen. *Passeri T. II. tab.* 171. *T. III. tab.* 218. 219. 224. 233. Bald stehen auch wohl zwey in völliger Demonstration begriffene Figuren vor zwey Jünglingen, die ihnen vielleicht selbst in der Art, wie sie den Mantel zu tragen, und um sich zu wickeln haben, den nöthigen Unterricht ertheilen. Man sehe die merkwürdige Vase bey D'Hancarville *Vase Hamilton. T. IV. tab.* 48. Bald giebt ihnen eine Figur von ältlichem Ansehen ein Badetschabeisen (*strigilis*,) weil sie wahrscheinlich von nun an das Recht erhielten, allein die Bäder zu besuchen. S. *Passeri zu T. I. tab.* 84. p. 83. Statt des Custos steht zuweilen zwischen zwey solchen Jünglingen ein geflügelter Genius, der dem einen eine Opferschale darreicht. *Passeri T. III. tab.* 121. Zuweilen steht der Jüngling auch vor einer weiblichen sitzenden Figur, wie bey *Passeri T. I. tab.* 95. die Heyne mit Recht für eine *Libera* hält. *Nov. Comment. T. VII. P. II.* p. 48.

91) Z. B. bey *Passeri T. II. tab.* 116. *T. III. tab.* 211.

wir schon dadurch berechtigt, auch diese eben so zu erklären, wenn auch die deutlicher bezeichnenden Nebenfiguren hier fehlen. — Nun erklärt sich auch der Kranz oder die Hauptbinde um die Haare beider Jünglinge ohne alle Schwierigkeit. Wer weifs nicht, dafs ohne einen Kranz, ohne Infula oder Kopfbinde kein Opfernder und Einzuweihender im Alterthum erscheinen durfte? Sie waren häufig mit herab hängenden Bändern und andern Zierrathen geschmückt (*coronae lemniscatae*), und kommen bey dieser Gelegenheit auf Vasengemälden vor, daher auch Passeri mit Erklärung und Deutung dieses Nebenputzes seiner Gewohnheit nach sehr freigebig gewesen ist. [92] Endlich wird uns auch die an der Wand an einem Nagel aufgehangene Figur nicht länger befremden. Es ist ein ganz gewöhnliches Opfergefäfs, das die ausschmückende Fantasie des Künstlers zum Überflufs mit einigen herab flatternden Bändern umwunden hat. Freilich mag auf vielen Vasen, wo ähnliche Nebenverzierungen vorkommen, die Sache nicht so deutlich ausgedrückt seyn, die denn in den Abbildungen unserer Kupferwerke noch undeutlicher ausfallen mufsten, und so wurde auch dadurch dem Witz hypothesensüchtiger Erklärer ein weites Feld geöffnet. [93]

---

92) Da diese Kränze oft mehrere hervorstehende kleine Buckeln und Spitzen haben, wie auch auf unserer Vase sichtbar ist, so vermuthet Passer, man könne an ihrer Zahl den Grad erkennen, den die damit geschmückte Person in dem geheimen Bacchusorden gehabt habe. S. an T. II. p. G, und zu den *Lucernis Etruscorum* T. III. Er will ferner wissen, dieser Kranz sey nach Beendigung der Ceremonie den Laren aufgehangen worden. T. I. tab.

79. p. 66. Wer fühlt nicht das Willkührliche und Gekünstelte in allen diesen Erklärungen!

93) Passeri will dergleichen Figuren für eine zusammengewickelte und in eine Kugelgestalt zusammen gebundene *Praetexta*, die der neu eingekleidete Jüngling den Laren aufgehangen habe, gehalten wissen, T. III. p. 3. 6. Wahrscheinlich gründete sich dieser sonderbare Einfall blofs auf die Undeutlichkeit der Zeichnungen, die er aus Neapel erhielt. D'Hancar-

X.

Ich darf indefs hier einen Einwurf nicht ganz unberührt lassen, der dieser Erklärung mit vielem Scheine gemacht werden könnte. War nicht, könnte man hier fragen, der Gebrauch, den Jüngling ein Mannskleid feierlich anlegen zu lassen, und es ihm zur Vorschrift zu machen, dafs er eine gewisse Zeit lang beide Arme im Mantel verhüllt tragen müsse, nur Etrurische oder Altitalische Sitte, die dann die spätern Römer, wie fast alle ihre Einrichtungen, nur von den Etruriern entlehnten? Und wird nicht überall, wo Römische Schriftsteller von diesem *dies tirocinii* sprechen, nur des Römischen Nationalkleides, der Toga, gedacht? Wie kommt nun wohl die Vorstellung einer Etrurischen Feierlichkeit, wie kommt die Toga auf ein Griechisches Kunstwerk, wofür doch so wohl unsere Vase als so viele andere von ähnlicher Ausführung und Behandlung von den erfahrensten Kunstkennern gehalten werden?

Die leichteste Art, diese Frage zu beantworten, bleibt allerdings die Hypothese des Herrn Hofrath Heyne, [90] nach welcher man auch diejenigen Vasen, auf welchen der feinste Griechische

---

ville in seiner abentheuerlichen *histoire de la sculpture* libr. II. vor dem IV. Theil der Hamiltonischen Vasen p. 28-30, erklärt diese und ähnliche Figuren für Etuis und Capseln der Amulete (*indications*), welche die Jünglinge bey dieser Gelegenheit aufgehangen hatten. Wie viel natürlicher ist doch auch hier Heyneus Bemerkung *Nov. Comm. T. VI. P. II. p. 4°,* wo er bemerkt, dafs alle diese Ornamente wohl auf die Prachtliebe und Verschönerungssucht des Volks schliefsen lassen, auf dessen Kunstwerken sie häufig angetroffen werden, übrigens aber als blofse Künstlerfantasien auch die scharfsinnigsten Versuche, sie auszudeuten, zu Schanden machen.

91) *De fabularum Graecarum ab arte Etrusca frequentatarum causis* in *Nov. Comment. Gott. T. III. P. II. p. 54,* und besonders *T. V. P. II. p. 43 ff.*

Kunstgeschmack sichtbar ist, so bald sie nur in irgend einer Nebensache Anspielungen auf Etrurische oder Altitalische Sitten zu haben scheinen, dennoch für Etrurische Werke erklärt, und sie in jene spätere Periode der letzten 200 Jahre versetzt, wo die Etrurier zwar durch die Samniter und Campaner auf der einen, so wie durch die Römer und Gallier auf der andern Seite, aus ihren beträchtlichsten Besitzungen verdrängt und schon sehr geschwächt waren, aber doch noch Reichthümer und Prachtliebe genug hatten, um den verfeinerten Kunstgeschmack der Griechen in Unteritalien auch auf ihre Kunstwerke überzutragen. 96)

Was hindert uns aber noch ferner anzunehmen, dafs Griechische Künstler sich nur bey diesen Vorstellungen nach einem fremden Lokal gerichtet hätten? Gesetzt also auch, die auf so vielen Vasen abgebildete Jünglingsweihe und Einkleidung wäre blofs Alt-

---

96) Grade in der XCsten Olympiade, wohin Plin. XXXV, 8. s. 54. den Anfang der blühenden Malerepoche unter den Griechen setzt, mufsten die Etrurier Capua und ihre übrigen Coloniestadte an den Grenzen von *Magna Graecia* an die Campaner und Samniter überlassen. S. *Liv. IV, 37.* Und ums Jahr *ante Chr. n.* 324. d. h. im Zeitalter Alexanders des Grofsen, wo die Griechische Kunst aus dem hohen und schönen Styl schon in den schönen und gefälligen überzugehen anfieng, waren die Etrurier durch mehrere Niederlagen in den Kriegen mit den Römern und Galliern aufs äuserste geschwächt, Falerii abgegeben u. s. w. bis sie endlich 107 Jahr später, wie Pyrrhus nach Italien kam, die letzte Hauptniederlage am Vadimonischen See erlitten in der CXXIV. Olymp. *ante Chr. n.* 283. Vergl. Heyne in Guthrie IV, 60. Sollte aber nicht schon dieser Synchronismus den Verdacht in uns bestärken, dafs die Etrurier damals keine Kunstwerke haben können, die dem Griechischen völlig beykamen, und dafs also die ganze fünfte Epoche der Etrurischen Kunst, wie sie der Herr Hofrath Heyne fixirt hat, noch sehr zweifelhaft sey? Vergl. v. Ramdohr über Malerei und Bildhauerarbeit in Rom Th. I. S. 41.

etrurische Sitte, könnten wohl gute Griechische Künstler in solchen Abbildungen blofs der Liebhaberei ihrer Käufer nachgegeben haben, und blieben das darum nicht doch ächt Griechische Kunstwerke? [96] Oder hört etwa darum, weil nach den Vorschriften der Kaiserin von Rufsland auf ein Meifsner Porzellanservice Szenen aus Cooks Entdeckungsreisen gemalt werden, durch jene Darstellung Otahitischer und Neuseeländischer Conversationsstücke das Deutsche Porzellangemälde auf, ein Deutsches Kunstwerk zu seyn? Alle Münzen von Nola und andern Campanischen Städten, die höchst wahrscheinlich aus jener blühenden Periode abstammen, wo die Etrurier durch die Samniter noch nicht aus jenen Gegenden verdrängt worden waren, haben Griechische Stempel und Griechische Aufschriften. [97] Warum sollten nicht auch Nolanische Vasen als Griechische Kunstwerke betrachtet werden, und doch in ihren Gemälden Beziehungen auf einheimische Landessitten haben können?

Indefs dürften wohl folgende zwei Erinnerungen auch den hartnäckigsten Zweifler mit unserer oben gegebnen Erklärung der zwei Mantelfiguren aussöhnen können:

96) Spuren, dafs Griechische Künstler ihre Kunst in Etrurien trieben, finden sich schon in einer sehr frühen Periode, in der XXXsten Olymp. beym *Plin. XXXV*, 3. t. 6. und 12. s. 43. Demaratus bringt Griechische ζωμγραφος mit nach Tarquinii. 8. *Strabo V*, p. 336. B. und Heyne *Nov. Comment. T. III. P. II*, p. 41. Noch jetzt ist in Neapel bey allen, die Vasensammlungen besitzen, der Glaube allgemein, dafs die grofse Menge von Gefäfsen, worauf blofse Thierfiguren gemahlt sind, von den Künstlern für die Ägyptier, die diese am liebsten kauften, gemahlt worden wären. So werden noch jetzt in den Wedgwoodischen Etruriarbeiten in England viele Gefäfse mit kleinen Reliefs im Indostanischen Costum gearbeitet, weil man diese dort häufig sucht, und theurer bezahlt.

97) Mazochi in Tabb. Heracl. in Additam. p. 563. b. und Eckhel *doctrina numorum veterum P. I. Vol. I.* p. 121, wo der grofse Münzkenner alle Träume des D'Hancarville, Ignarra, Guarnacci über die Etruschen Münzen in Campanien kurz und bündig nach seiner Art widerlegt.

Erstens: Die Sitte, daſs der nun mannbar gewordene Jüngling mit einer gewissen Feierlichkeit in die Reihe der Männer eintrat, und nun verbunden war, noch eine bestimmte Zeit lang beide Arme unter dem Oberkleide verhüllt zu tragen, ist auch bey den Griechen im Mutterlande sowohl, als in den Colonien von den ältesten Zeiten her allgemein bekannt gewesen; [98] ja es ist wahrscheinlich, daſs sie von den Griechen erst zu den Etruriern gekommen ist, die sie nach ihrer Weise umformten, und ihr durch besondere Weihungen in den Bacchusdienst das Etrurische Nationalgepräge, festliches Schaugepränge und Entzauberungsmittel, aufdrückten. [99]

98) Der junge siebzehnjährige Athener wurde feierlich unter die Mannbaren, Epheben aufgenommen. Die ganze Feierlichkeit, Familienfest und Opfer hieſs Εφηβια. S. Maursius in *Graecia Feriata* l. 1. p. 129. Er wurde an diesem Tage in die Liste der jungen Bürger eingeschrieben, ἐν τας ἰξιαϛις ἐνεγραφη, wie es in einer merkwürdigen Stelle des Aeschines heiſst *Dial. III.* 8. p. 132 Fisch. Von nun an durfte er Theil an den öffentlichen Staatsverhandlungen nehmen. Er muſste den Volksversammlungen beywohnen, durfte aber für jetzt weder Stimme geben (d. h. mit aufgehobener Hand votiren, χειροτονειν) noch öffentlich sprechen. Er muſste bloſs hören. Daher die Vorschrift: er müsse ein Jahr lang die Hände innerhalb der Chlamys halten. S. die Hauptstelle beym Artemidor *Oneir.* I. 56, p. 48. Denn die Chlamys erhielt er eben bey dieser Gelegenheit als charakteristische Kleidung der Epheben. S. Hemsterhuys zum Pollux X, 164. p. 1339. Daher auch im Vaticanischen Codex des Terenz Chärea und andere dort vorkommende Epheben immer in der Chlamys abgebildet sind. Schon Lycurg machte eben diese Sitte den Spartanischen Jünglingen zum Gesetz. *Xenoph. de republ. Lacd.* c. II, p.16. Zeux. In den Coloniestädten hielten die Epheben τριακαδιστ, weil sie nur an gewissen Opferfesten, die den 30. des Monats gefeiert wurden, Theil nehmen durften. S. die Erklärer des Hesychius *T. II.* c. 1412, 13. und *Masochi ad tabb. Heracl.* p. 158. 87. Die ganze Materie bedarf noch einer sorgfältigen Aufklärung. Selbst das, was Barthelemy *Voyage du jeune Anacharsis* T. III, p. 211 ed. Paris, darüber gesagt hat, ist, wie vieles in diesem zu sehr bewunderten Werke, unvollständig und verworren.

99) So waren wohl bey den eigentlichen Griechen keine besondern Einweihungen mit diesem Tage verbunden. Denn zu Athen

Zweitens: Eine genauere Vergleichung des Mantelumwurfs auf unsern und ähnlichen Vasengemälden mit der Toga auf Römischen, oder, welches hier gleich gilt, Etrurischen Kunstwerken setzt es aufser allen Zweifel, dafs zwischen den auf unsern Vasen abgebildeten Gewändern und dem Römischen Nationalkleid ein wesentlicher Unterschied sey. Freilich sehen diese auf Vasen vorgestellten Oberkleider auch weder dem Griechischen Pallium, wie wir es an den Bildsäulen Griechischer Philosophen und Redner erblicken, noch dem eigentlichen Ephebenkleide, der Chlamys, wie wir sie an Griechischen Soldaten und in den Abbildungen des Vaticanischen Codex vom Terenz an wirklichen Epheben bemerken, [100)] ganz ähnlich. Aber warum sollte auch nicht der Grieche im untern Italien das engere Obergewand seines Mutterlandes nach und nach erweitert, und der weichlichen Sitte jener üppigern Gegenden angepafst haben? [1)] Eigentlich sind doch auch die Römischetrurische Toga,

---

erhielt schon das Kind am siebenten oder zehnten Tage die erste Weihe (S. die Scholien zum *Aristoph. Av.* 923, und zu Terenz *Phorm.* I, 1, 15.) zu den Eleusinischen Mysterien, woraus, beyläufig, die altchristliche Sitte der Kindertaufe einen merkwürdigen Aufschlufs erhält. Allein da man in ganz Unteritalien Orgien oder Bacchusmysterien auf eine ganz andere Weise beging, so empfieng dort erst der mannbare Jüngling zugleich mit dem Mannskleide die erste Einweihung.

100) Z. B. *Eun. II,* 5. nach der Coequelinischen Ausgabe *T. I. p.* 151, wo Chaerea in einer ächten Ephebenchlamys vorgestellt ist.

1) Diefs ist wahrscheinlich die von den Kritikern so heftig angefochtene *toga Graecanica*, in welcher nach dem Sueton in *Domit.* c. 4. Domitian bey den Capitolinischen Spielen als Griechischer Agonothet präsidirte. Ernesti hat in einem eigenen Excurs zu dieser Stelle weiter nichts bewiesen, als dafs er selbst nicht recht wisse, was er daraus machen solle. Der gelehrte Oudendorp p. 906 hat vollkommen Recht, wenn er sagt: *mixtum vestis genus erat e toga Romana et pallio Graeco*, d. h. es war eine Griechische Chlamys, aber im weiten Umfang und Umwurf mehr der Römischen Toga ähnlich. Nur hätte er sie nicht mit der *cyclas* verwechseln sollen,

die engere, und unten herum rund ausgeschnittene Chlamys der ältern Griechen überhaupt und der Dorischen Völkerstämme insbesondere, und das breitere viereckigte Pallium der spätern Griechen und besonders der Ionischen Völkerschaften, alles nur Abweichungen von einer Haupttracht, Abartungen des alten ursprünglichen Pelasgischen Sagums oder Überwurfs, das denn auch der Celtische Völkerstamm in seiner ersten Form immer beybehielt. ⁴)

XI.

Liefse sich also gegen die Behauptung, dafs die auf der Rückseite unserer Vase vorgestellten zwei Jünglinge nichts anders sind, als zwei Ephebem oder *tirones*, wie man sie in Italien nannte, die so eben das männliche Kleid mit der Knabenkleidung vertauscht

---

die das vollkommne antike Urbild unserer jetzigen runden Weiberröcke (*Zupos* S. Saumaise zu den *Scriptt. H. A. T. I. p. 979 f.*) war, und so auch auf ätern Vasengemälden (z. B. bey D'Hancarville *T. III. tab.* 71.) nicht selten vorkommt.

a) Und in so fern hat Saumaise sehr wahr gesprochen, wenn er sich nur immer selbst recht verstanden hätte, zum Tertullian *de pallio p. m. 73. ut toga nihil aliud erat, quam pallium rotundum, sic pallium Graecanicum nihil aliud, quam toga quadrata.* Daher kann ich mir noch immer nicht vorstellen, wie die Toga angelegt gewesen seyn könne, und des Alb. Rubens Meinung, dafs zwischen der Römischen Toga und der Chlamys eigentlich weiter kein wesentlicher Unterschied gewesen sey, als dafs jene einen weitern faltenreichern Umwurf hatte, ist mir gegen Ferrarius, Winkelmanns und anderer Behauptungen noch immer am meisten einleuchtend.

haben, nichts erhebliches einwenden: so würde wohl auch die eigentliche Bestimmung unserer Vase, so wie vieler ähnlicher, nicht schwer zu entdecken seyn.

Man schenkte sie den Jünglingen zum Andenken dieses feierlichen Tages, und suchte durch dieses sinnliche Erinnerungsmittel, das sie nun immer im Vorsaal des Hauses, wo sie aufgestellt wurden, vor Augen hatten, ihrem Gedächtnisse die Pflichten und Angelöbnisse tiefer einzuprägen, in die sie von nun an eingetreten waren. So, um einige Beispiele von Dingen, die unserem Gesichtskreise näher liegen, zu geben, brannten einst die neugetauften Christen sich ein Kreuz zur lebhaft sinnlichen Erinnerung ihrer Einweihung ins Christenthum ein. So entstanden Pathenbriefe und Confirmationsscheine. So schenkten zu den Zeiten unserer frommen Vorfahren die Eltern ihren Kindern, wenn sie zur ersten Feier der christlichen Mysterien im Abendmale heran gereift waren, einen Spruchducaten oder Paternosterthaler.

Ferner: Da mit dieser Einkleidung der Jünglinge höchst wahrscheinlich auch in jenen Gegenden die Einweihung und erste Zulassung zum Bacchusdienst verbunden war: [3] so wird eben daraus

---

3) Diese in ganz Italien verbreiteten Orgien waren sehr alt. Der bekannte Bacchanalienunfug, gegen welchen die Römer eine so scharfe Inquisition ergehen liefsen, war nur ein später Sprössling davon. Gori und Passeri haben in der Erklärung dieser Orgien alles unter einander geworfen. Das Brauchbarste findet man bey Buonarota zum Dempster p. 15 ff. Auch Heyne hat diese Materie mit der ihm eigenen historischen Kritik sehr fein behandelt in der Vorlesung: monumenta Etruscae artis ad genera sua revocata Nov. Comment. T. V, P. II, p. 35-54. Nur dafs vielleicht auch hier zu viel auf Rechnung der Etrurier geschrieben wird, was mehr den übrigen Unteritalischen Völkerschaften und

erklärbar, warum auf mehr denn 40 Vasen bey Passeri solche Neueingekleidete nur immer auf der Rückseite der Vase vorkommen, deren Vorderseite auf eine Weihung im Dienst des Liber oder der Libera, auf eine heilige Procession oder sonst ein Bacchanal eine unverkennbare Beziehung hat. Und nun liefse sich auch eine befriedigende Antwort auf die Frage geben: warum gerade von diesen Donatifvasen mit den neueingekleideten Jünglingen auf der Rückseite eine verhältnifsmäfsig weit gröfsere Anzahl als von allen übrigen in den Grabgewölben um Nola und Capua herum gefunden worden sind? Man gab sie wahrscheinlich, da sie das Andenken einer religiösen Einweihung erhalten sollten, und als ein unveräufserliches Eigenthum der Verstorbenen angesehen wurden, diesen auch noch zuletzt mit ins Grab. Man konnte nicht wissen, ob ihnen nicht dieser Beglaubigungsschein selbst im Schattenreiche noch gute Dienste leisten könne. 4)

Coloniestädten angehört. Ganz neuerlich haben diese Campanisch-Griechischen Orgien durch Ekhels vortreffliche Abhandlung über den Hebon oder den bärtigen Bacchus in jenen Gegenden, neue Aufschlüsse erhalten. S. *Doctrina numorum veterum P. I. Vol. I, p.* 156-40.

4) Heyne in *Nov. Comment. T. V, P. II,* p. 51. äufsert die Muthmafsung darüber, man habe diese Gefäfse darum den Todten beygesetzt, damit sie durch keinen profanen Gebrauch von den Lebenden entweiht werden könnten. Allein sie wurden ja eigentlich nie gebraucht, sondern standen nur zur Parade da, wobey sich doch eigentlich keine Entweihung recht denken läfst. Könnte man nicht vielmehr diesen Gebrauch aus der bekannten Vorstellung erklären, dafs die Eingeweihten auch im Elysium eine weit frohere Existenz erwarte? S. die Hauptstelle beym *Aristophan.* in *Ran.* 451-59. *Brunk. ad Pacem* 375. und Sainte Croix Versuch über die alten Mysterien. S. 269. deutsche Übers. Was war natürlicher, als dafs nun auch den Verstorbenen diese Vase, das sicherste Certificat seiner Aufnahme in den Orden, begleitete?

Indessen unterscheidet sich unsere Vase von so vielen andern gerade darinnen, daſs ihre Vorderseite keine Bacchusfeierlichkeit, sondern eine berühmte Begebenheit aus der heroischen Vorwelt, den Raub der Cassandra, darstellt. Wie manche feine Beziehung, die das Alterthum in diese Vasen legte, [5] kann für uns verloren gegangen seyn! Wie nun, wenn man den Jüngling, dem man eine Vase mit einer Geschichte aus der Heroenwelt schenkte, hierdurch selbst an die Thaten und Schicksale jener Heroen zur Nachahmung und Warnung hätte erinnern wollen? [6] Oder konnte dem raschen, ungezügelten Jüngling jetzt zur feierlichen Stunde seines

---

5) Was Winkelmann, Passeri *Pict. Etrusc. T. I. Prolegg. XIV. ff.* und D'Hancarville darüber gesagt haben, ist bekannt, erschöpft aber diese reichhaltige Materie bey weitem noch nicht. So, um nur Eins auszuführen, bedienen sich die Galanterie dieser Vasen oft zu einer versteckten Liebeserklärung. Also Billetdoux in Töpferarbeit. Das bekannte καλὸς ὁ δεῖνα (*S. Toup.* zum *Suid. T. III. p.* 505 *Lips.*) fand sich auf mehrern Campanischen Vasen in der Mastrillischen Sammlung, die Mazochi *ad tabl. Heracl. p.* 170 *ff.* abgebildet und erklärt hat. So bereitet der Abate Vivenzio zu Nola in seiner berühmten Vasensammlung eine mit der Überschrift: Καλὴ Κλυμενη, der schönen Clymene. So bezeichnen auch die Vasen, auf welchem einem Mädchen oder Knaben Äpfel dargeboten werden, höchst wahrscheinlich eine Liebeserklärung nach der Symbolik des Alterthums. S. die merkwürdige Vase bey *Passeri T. III. tab.* 206.

6) Ähnliche Vasen bestärken auch diese Vermuthung. So ist auf einer Donativvase aus dem Gorischen Museum bey *Passeri T. II, tab.* 117, der Kampf des Hercules mit einem Centauren, das gewöhnliche Symbol der über die thierische Rohheit siegenden Humanität, in Gegenwart der Minerva abgebildet, wo die Rückseite drey neueingekleidete Jünglinge enthält. Die ganze Vase hat sehr viel Ähnlichkeit mit der unsrigen. Auf der gleich folgenden Vase *tab.* 119 ist der Kampf eines alten Heros mit einem Greif vorgestellt, und die Rückseite ist gleichfalls der unsrigen sehr ähnlich. Man vergleiche die Erklärungen des Passeri p. 15. So ist *T. III. tab.* 257. 259 der Arimaspenstreit auf der Vorderseite, wo die Rückseite auf die *toga data* Beziehung hat. In allen diesen Vorstellungen scheint

Noviziats, seiner Einkleidung in das Männergewand, eine bedeutendere Lehre zur Selbstbeherrschung ertheilt werden, als die Geschichte des Locrischen Ajax, der durch seinen Frevel Verderben über sich und seine Gefährten verbreitete, und einer alten Sage zu Folge, [7] sich auf ewig Verbannung aus den vom Westmeer so lieblich herüber winkenden, stillen Inseln der Seligen zuzog? Was dort am Orte der Qual der trotzige, nun gepeinigte Phlegyas ruft:

<blockquote>Höhnet nie die Rache der Götter, und lernet gerecht seyn! [8]</blockquote>

das verkündigte hier im Gemälde mit sanften Umrissen und gefälligerer Gestalt die Unglückliche, die ein trotziger Überwinder der drohenden Göttin entreifst.

Und so stünde auch bey diesem Kunstgebilde Schönheit und Wahrheit im edelsten Bunde. Die Geschichte seiner Entstehung wäre kürzlich folgende: Vor einigen tausend Jahren schenkte in einer der blühendsten Städte Campaniens, zu Nola, ein zärtlicher Vater seinen zwei Söhnen, die zu gleicher Zeit das ehrenvolle Zeichen ihrer jugendlichen Reife, das männliche Obergewand, empfiengen, diese Vase zum Andenken dieser merkwürdigen Feierlichkeit. Ein

---

doch wirklich Beyspiel und Anmahnung für den Jüngling, dem man die Vase schenkte, eine Hauptabsicht gewesen zu seyn.

7) Lucian in *Ver. Hist.* II, 17. T. II, p. 114. „Ich sah hier die Halbgötter alle und die sämmtlichen Helden, die vor Troja fochten, den Locrischen Ajax allein ausgenommen, der, wie man sagte, am Orte der Gottlosen busse mufse." Wieland in der Übersetz. Th. IV. S. 198.

8) *Discite iustitiam moniti et non temnere divos.*

Griechischer Künstler hatte nach der Vorschrift des Vaters die Jünglinge selbst auf die Rückseite, und eine warnende, bedeutungsvolle Geschichte der Vorzeit auf die Vorderseite gemalt. Die Geschichte der unglücklichen Cassandra war ein Lieblingssujet der Dichter und Künstler geworden. So war es dem geübten Künstler leicht, unter mehrern Darstellungsarten die lebendigste und ausdruckvollste zu skizziren. Und die Moral von allem diesem, wenn es auch für uns noch einer bedürfte! Im Blumengarten Gräciens von der Hand des kundigsten Gärtners auch für uns gepflegt und verpflanzet winkt uns die Blume: [9]

> Geflügelte Nemesis, Tochter der Gerechtigkeit,
> Du, die der Sterblichen Frevel
> Mit ehernem Zügel bändigt,
> Und hasset ihren verderbenden Übermuth,
> Verborgen gehst du ihrem Fuſse nach,
> Und beugst der Stolzen Nacken,
> Sey gnädig, selige Rechtvertheilerin!

[9] Aus der Hymne des Mesomedes an die Nemesis in Herders zerstreueten Blättern II. Sammlung S. 238.

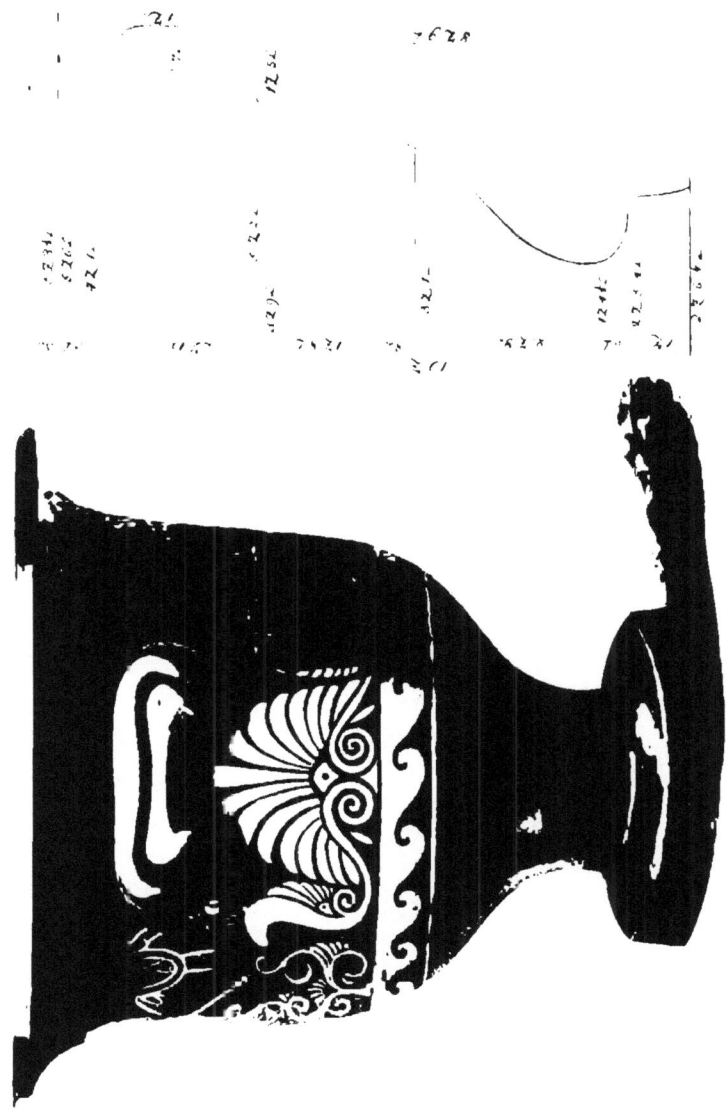

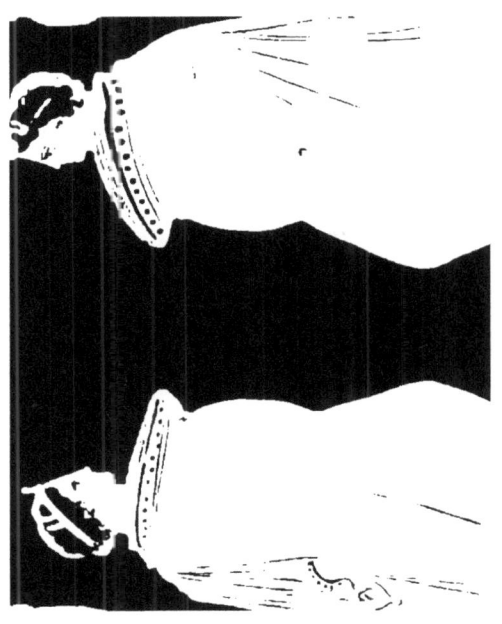